鉄道趣味人の世界

～ゆりかごから墓場まで～

池口英司
Ikeguchi Eiji

交通新聞社新書 159

鉄道趣味人の世界——目次

はじめに

　鉄道趣味が、いま注目されている。「乗り鉄」「撮り鉄」などという言葉が、私たちの日常の会話で当たり前のように使用されるようになり、それが何の違和感もなく通じる時代となっている。昔はこうではなかった。鉄道が好きな人は「いい歳をして」などという言葉とともに冷ややかな目で見られることが常で、鉄道に興味を抱いた趣味人は、大いに肩身の狭い思いをしたものである。それからするならば、現代という時代は実に恵まれている。鉄道車両にカメラを向けても、不思議がられることは無くなり、かつては鉄道にまったく興味を示さなかった女性までが、ホームでスマートフォンをかざし、「ドクターイエロー」との出会いを喜んでいる。素晴らしいことである。

　それでも、実にさまざまなジャンルがあり、奥も深い鉄道趣味がその真髄、妙味をどこまで理解されているのかは、判断が難しいところである。趣味だから個人の勝手で良いと言ってしまえばそれまでだが、この趣味をもっと成熟させるために、皆がもう一度、この趣味のあり方について、思いを巡らせていいように感じられる。

そこで本書の登場となった。間口が広く、そして奥が深い鉄道趣味について、意外と知らないものである。人はどのようにして鉄道に魅せられ、その道の達人となっていったのか。鉄道趣味の先輩方にはどんな方がおられ、どのような功績をお持ちなのか、そして人生の終焉に際して、何をすることが望ましいのか。それぞれのジャンルでの達人たちの言葉にも耳を傾けて、鉄道が好きになった人の一生やそれぞれの生き方・考え方から、鉄道の魅力を今一度考えてみたい。

現代という時代は、あらゆるものが多様化した時代である。品物が増え、デジタル機器の進歩は情報伝達の速度を飛躍的に速めた。その結果として、私たちの身の回りには、あらゆるものに豊富な選択肢が用意され、それは結果として私たちの生き方にも、多分に影響を与えている。良くいえば個性化、別の言い方をすれば細分化が顕著になったのが現代で、それは鉄道趣味の楽しみ方にも反映されるようになった。写真を撮る、模型を作るといった楽しみ方が、より先鋭的になったのである。

本書では多くの鉄道趣味人にお話を伺い、大学鉄研のOB、高校鉄研の顧問の方、SNS黎明期に管理人を務めた方にも、それぞれの時代の鉄道趣味のスタイルについて自らの言葉でご登場いただいている。どの言葉にもさまざまな思いが宿っていることが窺え、そこには現代という時代の複雑さと、鉄道趣味の変わらない魅力が潜んでいるように思われ、実に興味深い。また、最終章では、今話題となっている終活についても触れてみた。それぞれを、これからの人生をより良く、楽しく生きるために、参考にしていただければ幸いである。

なお、巻末には付録として「未来へ伝えたい鉄道１００」として一覧表にまとめている。独断と偏見もあるかもしれないが、鉄道趣味に育てられた私の血肉となった本でもあることには違いないし、皆さまにもおすすめしたい良書ばかりである。こうした〝良い本〟を次世代に伝えていくのは、私の終活のひとつ、と言えるかもしれない（もちろん、趣味活動の時間はこれからが本番である）。

第1章

鉄道趣味の歴史

新橋〜横浜間開通30年後の鉄道趣味人

日本において、いつの頃から鉄道が趣味として確立されたのかを明確に記録したものや著作物は無いが、残されている資料を遡ると、鉄道趣味人の間で長く語り継がれているものはある。１９０２（明治35）年から制作が行われた鉄道写真で、通称「岩崎・渡邊コレクション」と呼ばれるものだ。これを鉄道趣味の始まりとする考え方が、現在の鉄道趣味人の間ではもっとも確かなものとなっている。

これは、明治の実業家である岩崎輝弥と、やはり同時代に実業の道を歩んだ渡邊四郎が当時、写真師として名を馳せていた小川一真に依頼し、蒸気機関車や駅舎、橋梁などの構造物などを記録したものであった。岩崎は三菱財閥の岩崎彌之助の三男で、渡邊は東京の海産物問屋渡邊治右衛門の四男。すなわち経済的には余裕のある身の上であった。岩崎輝弥は１８８７（明治20）年生まれ。年長の渡邊四郎にしても１８８０（明治13）年生まれで、コレクションの制作が始められた時は、岩崎はまだ15歳でしかない。それが当時の先端の仕事であった写真師に仕事を発注するというのだから、両者がいかに裕福であったか

明治期の鉄道の様子が細かく現在に伝えられているのは、岩崎・渡邊コレクションの功績でもある。膨大な写真群の中には、車両のみならず駅や人にも向けられた写真もあり、当時の風俗までをも垣間見ることができる。写真は４号機関車。（提供：鉄道博物館）

が窺《うかが》えるが、こうした背景も明治という時代を表しているように感じられる。だがとにかく、このコレクションが作られたことによって、まだ写真というメディアがごく限られた人の手によってしか扱われなかった時代でありながら、当時の鉄道の姿を伝える貴重な記録が残された。岩崎、渡邊の両者は裕福であったとはいえ、市井の趣味人に過ぎなかったが、鉄道事業者自身でさえ、自社の車両を記録することなど考えもしなかった時代に、鉄道の記録写真を残したのである。

　この「岩崎・渡邊コレクション」は、３３４７枚の写真乾板（１６８１

枚とする説もある）によって撮影された写真を主体とする。誰もがスマートフォンで気軽に写真を撮れる現在とは異なり、モノクロ写真1枚を撮影するにしても大変な手間とコスト、確固たる技術が必要とされた時代である。さらに鉄道が趣味としての研究の対象などとは考えられなかった時代のことである。だが、これらの写真を見ると、コレクションの制作には相当の情熱がかけられたことは想像に難くない。この価値を説明するために、当時の撮影技術に触れておきたい。

この時代の写真は写真乾板を用いて撮影されている。この写真乾板とは、当時の写真撮影に用いられたオーソドックスなメディアで、臭化カリウムと硝酸銀を主成分とする感光材料をガラスに塗布し、これを乾燥させて写真撮影に使用する。写真1枚分の大きさはキャビネ判（12・7㎜×17・8㎜）程度で、ベースの素材がガラスであることから丁寧に扱わないと割れてしまうという欠点がある。のちにこのベースが改良されて写真フィルムが誕生することになるが、写真フィルムは文字通りフィルムをベースとしてその表面に感光材料が塗布されているのに対して、写真乾板ではこれが重いガラスでできているというわけである。さらに、乾板とはガラスに塗布された感光材料が乾燥された状態であることを示す。1851年にイギリスで発明された湿板と呼ばれる媒体では、ガラスに塗布された感光材料がまだ湿っているうちに撮影をしなければならなかった（ゆえに〝湿板〟とも呼ばれた）が、それから20年後に発明された写真乾板では、感光材料が乾いたあとの撮影が可能となったので、写真機の機動性が大幅に向上したのである。だが、ネガとなるガラスを割ってしまうと２度とプリントによる複製ができず、さらに大きさや重量もそれなりのものとなり、扱いを慎重にしなければならないから、一度の撮影で携行できる量もわずかなものであった。一度ネガができればプリントを何枚でも複製できることが湿板や乾板の大きな利点で、現在に繋がる写真の特性がこの時代に確立されたことにはなるが、このような時代に、まだ趣味的な対象として認められてはいなかった鉄道の機関車や施設、人にレンズを向けた両名の思いは、それが個人的な興味の結果によって生み出されたものであったにせよ、賞賛に値する。ちなみに、感光材料を塗布するベースがガラスからフィルムに代わって写真乾板が急速に廃れるのは１９３０年代になってからである。

そんな両名のコレクションも、長く続けられることは無く、１９１０（明治43）年に渡邊が渡仏すると、岩崎も鉄道への興味を急速に失ったとされており、撮影が続けられることとは無かった。貴重な史料になるはずの撮影が、短期間のうちに終了してしまったことは惜しまれてならないが、幸いなことにこのコレクションはさいたま市の鉄道博物館で保存され、現在に受け継がれている。また、機関車の姿を収めた一部の写真は、機芸出版社から『明治の機関車コレクション』という写真集に収められて刊行されている。

実は「岩崎・渡邊コレクション」が広く知れ渡り、評価されるのは明治時代ではなく、後年のこととなるのだが、日本に鉄道が誕生したわずか30年後には、興味を抱いて記録に残した先人がいたということは、多くの人に知っておいてほしいと思う。

雑誌に見る戦前戦中の鉄道趣味模様

日本に鉄道が誕生したのが1872（明治5）年。それから30年後には鉄道を趣味とする活動が芽生えたと考えられるわけだが、残念ながらそれからしばらくの間は、目立った趣味活動は記録・報告されていない。もちろん、市民の間での個人的な、あるいはサークル的な趣味活動は行われていたのかもしれないが、それが、例えば出版や同好の会を興しての趣味活動等、公の記録に残ることは無かったようだ。つまりは当時、鉄道を趣味とする活動が、何らかの経済効果を生むとは捉えられていなかったのだろう。

昭和になると雑誌が誕生する。日本で初めての鉄道趣味雑誌（商業誌）は、1929（昭和4）年に創刊された『鐵道』だ。編集長は武田弥一郎。東京の牛込で生まれ、幼少期から市内電車などを見て育った武田は、資産家の平野平四郎の援助を得て『鐵道』を創刊。誌面では実物と鉄道模型の両方を扱い、次第に実物の記事が増えていった。残念なことにこの雑誌は一般的な書籍の流通に乗ることは無く、東京と大阪の直販店で扱われたのみであったといい、発行部数も500部程度であったと伝えられている。そして、1938（昭和13）年6月20日の第10巻105号をもって発行が止まり、そのまま廃刊となった。この理由は明らかではないが、この前年の7月7日には盧溝橋事件が発生し、日本は本格的な戦時体制へと移行してゆく頃。当然、物資の供給は統制され、雑誌発行のための用紙の確保も困難になったであろうし、それよりも日本の社会全体に、趣味の雑誌の発行を認めない空気が満ちるようになっていたはずで、こうした社会情勢とも関係していることだろう。なお、武田は1953（昭和28）年の「鉄道友の会」（後述）の発足にも参画し、1954（昭和29）年に55歳の若さで亡くなっている。

1933（昭和8）年には日本で2番目の鉄道趣味誌となる『鉄道趣味』が創刊されて

いる。この本は月刊としての刊行が掲げられたが、すぐに定期的な発行が困難になり、1937（昭和12）年12月には休刊に至っている。まだ、鉄道が趣味として認められなかった時代の話である。さらに現在とは異なり、情報の伝達方法も限られていたから、たとえ鉄道の趣味の本があっても、多くの市民はその存在すら知らなかったに違いない。この時代の鉄道趣味は、好事家と呼ばれたに違いない限られた人だけが楽しむ嗜みであったはずだ。

『鐵道』や『鉄道趣味』が休刊に追い込まれた時代にありながら、しかし、鉄道という趣味が根絶やしとされることは無く、1940（昭和15）年には新たな鉄道趣味雑誌『つばめ』が創刊されている。『つばめ』とは「鉄道研究の会 つばめクラブ」によって刊行されたもので、同会設立の中心的な役割を果たしたのが高松吉太郎氏であった。1901（明治34）年に日本橋で生まれた高松氏は、家の前を走る路面電車に興味を持ち、旧制中学の生徒だった時代にカメラを購入。その最初の被写体は妹さんであったというが、やがて東京の路面電車を中心にして作品を増やしていった。のちに薬剤師となり「関東大震災が発生した時も、日本橋にいた」という高松氏の立地の良い店は、暗闇の中に灯を見つける思いだった鉄道好きが集まる場所としても好適だったのである。実に様々な媒体を舞台にして執筆活動や、写真の発表を行った高松氏自身の執筆記事が初めて雑誌に掲載されたのは１９３６（昭和11）年11月10日発行の『鉄道趣味』第36号においてで、「東京市電創設25周年を迎えて　その頃の市電を語る」というタイトルの記事が同誌の巻頭を飾った。この記事は、やはり鉄道趣味人の草分け的存在として長年活躍した宮松金次郎氏の写真とともに構成されており、高松氏はその雑誌を「抱いて寝た」というエピソードが語り継がれているが、雑誌というものが趣味人にとっていかに重要なものであったかが窺え、また、そこに自身の作品が掲載されることの喜びの大きさが伝わってくる。現在においてこそ、鉄道趣味人の活動成果はＳＮＳという媒体によっていともたやすく発表することができるが、インターネット、あるいはその前身であるパソコン通信というメディアが登場するまで、月刊誌などの印刷物は、趣味人が自身の作品を発表できる貴重な媒体であり、社会参加の場であった。また、反対の視点から見れば、どれほど優れた研究、美しい写真であれ、そのような場に掲載されないものは、単に著作者自身のコレクションで終わっていたのであって、雑誌に載ったからこそ、こうして事実として語り継ぐことができるわけだ。

同じ時代には、関西で発足した「クラシカル・ロコ・クラブ」の手によって、やはり鉄道趣味雑誌である『古典ロコ』が創刊されている。この制作の中心となったのが、大阪毎日新聞のカメラマンであった西尾克三郎氏で、当時のカメラとしては抜群の機動性を誇ったライカのカメラを用いて撮影された写真は、今日でも貴重な記録として、多くの鉄道趣味人に知られる存在になっている。当時のライカは非常に高価なカメラで「ライカ一台、家一軒」とまで言われたが、高松氏や西尾氏の、時には献身的というべき活動が日本の鉄道趣味の土台を築き上げただけではなく、鉄道の発達を客観的に伝える貴重な資料となっているのである。

そんな『つばめ』や『古典ロコ』だが、やはり1940（昭和15）年から翌年にかけて廃刊に追い込まれている。これは言うまでもなく、戦争の影響によるものだ。ちなみに、この頃というと1937（昭和12）年には鉄道省（日本国有鉄道や現在のJRの前身）にEF57形電気機関車が誕生するなど、日本の電気機関車の製造技術は世界でもトップレベルにあったというが、国鉄の技術開発も戦争で停滞してしまい、次の大きなイノベーションが生まれるのは、昭和30年代まで待たねばならない。戦争はおよそ20年もの間の技術と文化を停滞させたのだった。

こうした時代でも、鉄道趣味人はいた。彼らの記録からも、時代の暗雲がうかがえるものがある。当時、鉄道の写真撮影はスパイ活動と目され、鉄道趣味人が鉄道を撮影したフィルムが警察によって押収されるという出来事も起こっている。それでも鉄道の写真を撮りたいと考え続ける鉄道趣味人の記録はあり、「カメラを懐に隠し、列車がやって来たら急いで撮影をして、またすぐにカメラを隠した」と、これも鉄道趣味の発展に様々な分野で尽力した沢柳健一氏が当時の鉄道撮影法を述懐している。

趣味活動までが制限されたこの時代の人々の苦しみは、察するに余りある。

戦後創刊された商業誌と鉄道趣味人の実力

長く続いた戦争は、１９４５（昭和20）年８月で終わり、市民の自由の時代が訪れた。終戦直後の日本は、食料や物資の極端な不足によって市民の生活は苦しいものであったが、明日への希望という大きな糧があり、人々はそのことを頼りにして、毎日を凌いでいた。そのような中にあって鉄道趣味の世界では、趣味団体が戦後すぐに誕生している。首都圏での活動を主とした「東京鉄道同好会」と、関西での活動を主にした「関西鉄道同好会」だ。前者は前述の高松氏が中心となり、1946（昭和21）年に創立され、同年6月には会報『Romance Car』の第1号が発行されている。今では考えにくい話だが、この時代にあってもまだ鉄道趣味は大人の健全な趣味とは認められておらず、鉄道に特別な興味を抱く者は歳を取ってもまだ「汽車遊び」が好きな、大人になりきっていない人間と捉えられるのが関の山だった。それでも、戦前、戦後の鉄道趣味の雑誌や、同好会の会報の登場は、同じ趣味を持つ人間が自分以外にもいることを知らしめ、鉄道趣味人たちを大いに勇気づけたと言われている。終戦直後の極端に物資が不足する中でも会報の発行が急がれたのは、逆境の中においても、趣味を通じてお互いに励ましあおうというメッセージがそこに託されていたからなのかもしれない。そして、誌上に名を連ねた者同士がお互いの存在と活動を認め、時には連絡を取りあって鉄道趣味をよりメジャーなものに仕立てるべく励ましあってゆく。その姿勢は、何よりも匿名性を好む現代の趣味人の生き方とは、180度異なっているようにも感じられる。

そのような中で、1946（昭和21）年6月には山崎喜陽氏を主筆とする鉄道模型の商業誌『鉄道模型趣味』が創刊されている。これは孔版印刷、すなわち油紙などに非常に小さな穴を開けて、そこを通過するインクによって印刷を行う方式で、印刷の方式としては比較的手軽なものであった。同誌の印刷方式は1947（昭和22）年2月発行の第4号から活版印刷に改められ、これを新1号と称し、版元の機芸出版社ではこの号から通巻番号をカウントしている。『鉄道模型趣味』は、当初は実物の鉄道記事も扱っており、媒体が限られていた時代の貴重な鉄道情報源となっていた。ただ、同誌が模型以外の実物を扱うのはこのごく限られた期間のみで、のちに鉄道専門誌が発刊されたあとには模型専門誌としての領分を守るようになる。

『鉄道模型趣味』の創刊から5年が経過した1951（昭和26）年には、初の鉄道専門の月刊誌となる『鉄道ピクトリアル』が創刊されている。この雑誌の版元となる電気車研究会は、水上機関区長などを経たあとに国鉄を早期退職した田中隆三氏が創業したもので、同版元が発行する実務者向けの雑誌『電氣車青年』を見つけた鉄道研究家の本島三良氏が田中氏を訪ね、趣味者向けの月刊誌の発行を勧めたという経緯があり、本島氏が同誌の初代編集長を務めている。この時代の本島氏の特徴的な記事の一つに、現在で言うところの鉄道写真の撮影地ガイドがあった。今でこそ日本の鉄道写真の撮影地は多くの鉄道趣味人に知られるものとなっているが、当時の日本はまだまだ広く、旅行などもままならない時代。撮影地ガイドは、未知の領域ばかりの鉄道趣味の世界での格好の指針となったのである。本島氏はその情報の取得法を「国鉄から得られた運転情報と、地形図から得られる情報を掛け合わせたもの」と解説したが、おそらくは鉄道と徒歩で現地を訪ねた結果、それが無駄足であったことを知らされたことも少なくはなかったはずで、一つの記事を作るのに幅の広い知恵が駆使され、大きな労力がかけられている。このように、鉄道雑誌の記事はその多くが個人の努力、見聞、知見によるところが多かったのである。裏を返せば、鉄道趣味人のレベルはこの時点ですでに研究域にも達し、とても高かったことがうかがえる。この時代からの同誌の執筆者には、東京学芸大学教授などを歴任した青木栄一氏がおり、氏は友人の中川浩一氏（元・茨城大学教授）らとともに全国の鉄道を探訪。随時、現地報告を執筆している。その研究手法は、氏の本分である地理学の手法を鉄道趣味に応用したものとも捉えることができ、学究的な姿勢が日本の鉄道趣味の在り方に与えた影響は極めて大きい。氏は中川氏、高松氏、沢柳氏、和久田康雄氏、生方良雄氏、宮田道一氏、曽根悟氏らとともに『鉄道ピクトリアル』の編集委員も務め、活躍は２０２０年代まで続いている。こうした個人の研究の積み重ねをもとに、それを、雑誌を媒介として多くの鉄道趣味人たちと共有することにより、日本の鉄道趣味のスタイルが確立されていったのである。

これを物語るように、同時代に活躍した鉄道趣味人は多い。長唄、三味線の世界で活躍し、人間国宝ともなった杵屋栄二氏は、大正初期からカメラを使い始めて全国の鉄道を記録に残しており、その足跡は海外にも及んだ。横浜在住の資産家であった中山沖右衛門氏は、横浜を拠点として様々な活動を展開。中でも特筆に値するのは、日本の鉄道建設に貢献した初代技師長エドモンド・モレルの墓を整備し、横浜の外国人墓地内に再建したことだろう。身寄りの無かったモレルの墓は荒廃していたといい、中山氏の活躍がなければ、日本の鉄道の歴史が一つ、記録から消え去っていたかもしれない。同様に、日本の鉄道史に幾つもの大切な項目を書き加えてみせたのが青木槐三《かいぞう》氏である。東京日日新聞（現在の毎日新聞）の記者であった青木氏は、１号機関車の保存に尽力したことで知られる。青木氏は１号機関車が島原鉄道で使用されていることに気が付き、各方面にこの機関車を保存する必要性を訴え、国鉄の機関車との等価交換の形で１号機関車の「里帰り」を実現させている。この時の「このままでは大変なことになる」という言葉は鉄道趣味人の間では有名で、一方、当時の島原鉄道の社長・植木元太郎氏は「惜別感無量」というプレートを機関車につけ加えて機関車を送り出したというエピソードがある。青木氏は自身を「私はマ

鉄道博物館に保存されている1号機関車（国指定重要文化財）。歴史にタラレバは無いが、鉄道趣味人がいなければこの機関車は現在、無かったかもしれない。

ニアではない」と語り、一連の活動はあくまでも仕事であって趣味ではないが、鉄道に対する愛情は深く、青木氏の行動がそのあとの鉄道趣味に与えた影響は大きい。1930（昭和5）年に国鉄が超特急「燕」を運転したのは、青木氏が当時の運転課長だった結城弘毅氏を〝煽った〟ことによるという証言も残っている。

一方、文学の世界にも鉄道趣味の存在がある。この時代の鉄道好きの作家として知られているのが内田百閒氏で、氏の代表作である『阿房列車』のシリーズは、国鉄全盛時の鉄道旅行の姿を物語るルポとしても評価が高い。1952（昭和27）年10月15日に東京駅の一日駅長となった百閒氏は、ホームで特急「はと」の発車を見送るはずが、誘惑に負けたのか、当初から予定していた行動なのかは知る由もないが、なんとその列車に乗って東京駅から去ってしまったのである。この武勇伝、あるいは珍事が今も語り継がれているのは、氏の人柄を誰もが認めていたからなのかもしれない。

雑誌に話を戻そう。

『鉄道ピクトリアル』に続いて、１９６１（昭和36）年には交友社によって月刊『鉄道ファン』が、１９６７（昭和42）年には鉄道ジャーナル社によって月刊『鉄道ジャーナル』が創刊され、それぞれが独自の編集方針を打ち出し、読者層の裾野を広げてゆく。また、１９８５（昭和60）年には『鉄道ダイヤ情報』が弘済出版社（現：交通新聞社）から創刊されたが、これは模型でも実物でもなく、列車の撮影に焦点を合わせた独自性の高い雑誌だった。前身となる『ＳＬダイヤ情報』が創刊されたのは１９７２（昭和47）年のことで、蒸気機関車の運転ダイヤが掲載されるなど、撮影派のファンに貴重な情報を提供していた。当時、国鉄の蒸気機関車が全廃への秒読みに入っており、国鉄本社に蒸気機関車けん引列車の運転に関する問い合わせが大変多くなって、当局では対応できなくなっていたことが創刊理由の一つであったという。『ＳＬダイヤ情報』は当時、蒸気機関車が集結する駅のホームの端で、やって来る列車の写真を撮ろうと陣取る撮影派の間で回し読みされたというほどであった。

また、鉄道模型の専門誌として、1974（昭和49）年12月にエリエイ出版部（版元のエリエイは呉服を扱う会社として伝統を持ち、屋号は、〝襟が栄える〟ことから採られたという）によって月刊『とれいん』（書籍名の表記は随時変更されている）が創刊された。同誌の創刊によって、鉄道模型をテーマにした有力な月刊誌は『鉄道模型趣味』と合わせて2誌となり、読者に多彩な選択肢が与えられることになったのである。

その後も鉄道趣味をテーマとした雑誌は、様々なものが刊行されており、鉄道趣味が一般的になった背景には、こうした多彩な視点を持つ鉄道雑誌の存在が大きい。世の中に存在する趣味は色々あるが、これほど多くの雑誌が創刊されたことは、鉄道趣味の間口の広さと奥深さを物語っている。

鉄道趣味団体と旅行ブーム

雑誌は全国の読者個々に届けられる情報媒体だが、その個々が直接集まって情報交換するという行動も現れる。雑誌のタテに対するヨコの繋がりである。雑誌の次は、戦後の趣味団体などについて、触れていこう。

戦争の終結と日本の社会の安定を背景にして、日本の鉄道の世界は昭和20年代の終盤から大きな変貌を続けてゆく。それまでとは異なる斬新な意匠を随所に採用した高い性能の電車が続々と登場したのもこの時期で、その第一走者とも呼ぶべき営団地下鉄（現・東京メトロ）３００形が完成したのは１９５３（昭和28）年のことであった。そして、同じ年には、本格的な趣味の団体となる「鉄道友の会」が発足。同年11月14日に東京の交通博物館内にて、設立総会が開催されている。この交通博物館とは、神田・須田町の旧万世橋駅跡の建物を一部利用して建設された鉄道をメインテーマとする博物館で、東京近郊の子どもたちであれば、遠足などで一度は訪れる東京の名所となっていたが、施設の老朽化などによって閉館し、展示物とそのコンセプトは２００７（平成19）年10月14日に開館した、

鉄道友の会は、鉄道業界の発展に貢献する活動も行っている。写真は全国の出札業務に従事する職員の労に感謝しての花束贈呈式。東京駅八重洲口出札口にて。1954（昭和29）年6月22日（日付押印機の発明者、トーマス・エドモンソン104年目の命日）

さいたま市の鉄道博物館に継承されている。

「鉄道友の会」の初代会長は島秀雄氏。鉄道趣味人には言わずと知れた国鉄の技術者で、D51形蒸気機関車の設計や湘南電車、東海道新幹線の開発などに携わった。島氏は、「幼い頃に８８００形とか８８５０形とかの当時の最新鋭機関車や、芝浦の海辺を通り始めた院線（山手）電車を手持ちの乾板写真機で一生懸命撮影したり、画ハガキを集めたりしたこともある（鉄道友の会会報『Rail Fan』１９７８（昭和53）年11月号）」といい、戦後の鉄道趣味の先駆者の一人であると同時に、趣味活動に深い理解を示す人物であった。

同会設立の発端は１９５２（昭和27）年10月17日、国鉄に籍を置く鉄道趣味人であった兼松学氏、明石孝氏、星晃氏らが、市民の鉄道趣味人であった中山氏、堀内敬三氏、鷹司平通氏、そして高松氏、宮松氏らと会合を持ち、全国規模の鉄道趣味団体を設立することを決定したことで、東京の「東京鉄道同好会」と大阪の「交通科学研究会」が合併する形で発足している。「鉄道友の会」が現在でも活動を続けていることは周知の通りで、毎年その年に登場した優秀な車両に贈呈する「ブルーリボン賞」や「ローレル賞」は、新聞やテレビにも報道されるほどの知名度を得ている。島氏は、「鉄道友の会」の発足について「会員はお互いに各自の趣味活動の巾を広げ、深さを増す利を得、また同好の友人にその活動拡大の便を与えるよすがとし、更には又、若い世代にこの趣味の正しい道に入る機を与え導くこととしてはどうか、そこでそれに対して、国鉄など鉄道側は協力応援をしては、という風に考え、各方面の鉄道趣味グループに呼びかけたものであり、こうして出来たのが『鉄道友の会』である（同『Rail Fan』１９７８（昭和53）年11月号）」と述懐している。

昭和30年代になると、日本の経済成長を背景に鉄道は右肩上がりの発展を続け、国民の誰もが鉄道を使って自由に旅を楽しめる時代が訪れた。世に言う「旅行ブーム」の到来である。国鉄はダイヤ改正を経るごとに列車の運転本数を増やし、新技術を導入して開発された新型車両が続々と登場したのがこの時期で、全国の鉄道網も着々と路線が広がり続け

国鉄の蒸機機関車が減少するにしたがって、全国に鉄道を撮影しに行く旅行の形態が生まれた。この頃、カメラを初めて手にしたという鉄道趣味人は多い。室蘭本線　1975（昭和50）年9月

ていた。この世情を得て鉄道趣味も広がりを見せるようになっていった時代でもあった。つまり、旅行を通じて一般の人でも鉄道の楽しみを知る機会が多くなったのである。その中にあって、一番大きなきっかけとなったのが「ＳＬブーム」であった。

国鉄は輸送の近代化を旗印として全国の蒸気機関車の廃車を進めるようになるが、その計画は昭和50年度内に全国の蒸気機関車を全廃するものとしていた。そのため、昭和40年代半ば以降、去り行く蒸気機関車の姿を捕らえようと、多くの人がカメラを持ち、全国各地の蒸気機関車を撮影に出かけた。このＳＬブームによって、それまでは鉄道にあまり興味を持たなかった層までが、家の片隅に眠っ

ていたカメラを持ち出して全国を旅するという、一つの社会現象ともなった。輸送効率が悪い蒸気機関車は、当然、人口過疎地を走るローカル線に残っていたから、いきおいブームは全国の都会から遠い場所への大旅行という形になって現れる。現在でも列車の撮影地として知られる函館本線の目名〜上目名間や、東北本線の奥中山、伯備線の布原信号場、肥薩線の大畑などは、この時代の蒸気機関車の名撮影地として多くの人が訪れたことで知られるようになった。

一方で、人が増えてくるとマナーも悪化し、この時代には趣味人同士の小さないさかいや鉄道趣味人と鉄道現場との衝突、撮影中の事故なども報告されるようになり、マスコミが報道を通じて、ファンのヒートアップぶりに警鐘を鳴らすようにもなった。鉄道ファンのことを指す「鉄ちゃん」という言葉が生まれたのもこの時で、ブームに後押しされる形で生まれた新参の撮影者を〝にわかファン〟とし、ベテランを自認する撮影者が彼らを揶揄する言葉として使われ始めた、とも言われている。それだけ、鉄道趣味の世界の裾野が広がりを見せていた証左であったのかもしれないが、しかし、いかなる場合でもマナー違反は決して許されるものではない。趣味＝大人の嗜みで、鉄道を楽しむ以前にひとりの大人であることは当然であろう。これは現在とて同じである。

現在でも人気列車には、多くのカメラが向けられる。上野駅　2016（平成28）年3月19日

国鉄は当初の予定通り、1976（昭和51）年3月をもって全国の蒸気機関車を廃車とした。これによって、格好の被写体を失った鉄道趣味人はしばし喪失感にうちひしがれることになるのだが、やがてそれに代わる被写体として、地方私鉄や国鉄の特急列車へと興味の対象が移り、昭和40年代から50年代にかけては「ブルートレインブーム」が起こっている。これは車体が深い青に塗られた国鉄の寝台特急列車を被写体としたもので、時代が進んだ分、ブルートレインブームはSLブームの時よりも若い層が活動の中心となっていたが、鉄道をテーマにして全国へ旅するという趣味スタイルはSLブームで確立されて、現在もその延長線上にあるとも言える。

鉄道に乗る趣味

ＳＬブームやブルートレインブームを通じて多くの人に鉄道の旅の魅力が知られ、マスコミにもブームが採り上げられたことで、鉄道趣味は一定の市民権を得てゆく。それまでの「いい歳をした大人が汽車遊び」という概念が完全に払しょくされたのがこの時代だったと言えるかもしれない。多くの人が鉄道自体を楽しむ旅に出るようになったことを受ける形で、国鉄が以後10年にわたって展開することになるキャンペーン「いい旅チャレンジ２０，０００㎞」を始めたのが、１９８０（昭和55）年３月15日のことだった。各路線の起点と終点の駅名標に自身が写り込んだ写真を事務局に送ればその線に乗ったことが証明され、その乗車線区数に応じて様々な特典が受けられるというもので、〝鉄道に乗ること〟そのものが主目的という、それまでに無い旅を推奨するものだった。このキャンペーンは５万人を超える会員数となったが、背景には、作家・宮脇俊三氏の出世作である『時刻表２万キロ』のヒットがあったと言われる。この作品は、定年を間近に控えた著者が全国のローカル線をひたすら乗りつぶすだけの旅をした記録で、列車に乗ることには路線を完乗すること以外、特別な意味は込められていない。それでも、一般の人には一見無意味とも思える旅のスタイルも、個人の趣味としては意味があるという認知が広がったことは、日本の社会の成熟度を高めたと言えるだろう。ちなみに、鉄道路線の「完乗」とか、「乗りつぶし」という言葉も、この頃広まっている。

「鉄道に乗る」旅のスタイルは、1982（昭和57）年3月1日に国鉄から発売された「青春18のびのびきっぷ」でさらに発展している。鉄道旅行が好きな人であれば、今はもう誰もがその存在を知っているこの切符は登場時、そのネーミンから18歳以下の若者のみが使える印象もあったが、実際に年齢制限は無く、全国の普通列車がおよそ1600円ほどで1日乗り降り自由という破格の条件だった。この切符が、さらに鉄道趣味、とくに旅の魅力をさらに広めた。鉄道に興味が無い人でもごく普通に乗車券として活用しているし、「一日余ったから鉄道で日帰り旅へ出よう」という旅行動機も多い。この切符は登場から40年近くが経過した今も「青春18きっぷ」として健在で、記録的なロングセラーとなっているのは、鉄道趣味人ではない人たちにも受け入れられているからだろう。

こうした鉄道の旅は、旅行ブームによって広がり続けた趣味人口とともに派生した感もあり、鉄道趣味人というよりは一般的な旅行ファンも内包していると言える。とはいえ、最近では「乗り鉄」というジャンルを生み、こうしたブームや切符をそれなりに活用し、こだわりの鉄道旅を創り出していたりして、鉄道趣味人の旅は一般的な旅とは違うものとなっている。「青春18きっぷで、一日でどこまで行けるか」といった旅は、しばしば鉄道趣味人の間では話題になるし、机上のみならず、実践する人もまたよく聞く。かくいう筆者の個人的な思い出を記させていただくと、この切符が出る直前、大阪に住む大学時代の友人と、門司発福知山行の普通列車に乗車することを目論んでいた。当時の「最長距離鈍行」として名を馳せていた８２４列車である。しかし、この列車に乗るために都合のいい切符が無い。当時発売されていた均一周遊券がまず考えられたが、北九州と山陰全域というこの列車が走る広い範囲をカバーする切符など無く、どうしても相応の費用がかかることに悩んでいたのである。その矢先に「青春18のびのびきっぷ」が発売された。この切符を使えば、東京から門司に行くのに１６００円あまり、門司から福知山に行くのにも１６００円あまりで済むことになる。切符の発売を知らせる時刻表を何度読み直してみても、切符のネーミングとは関係なく使用に際しての年齢制限は無い。急いで大阪の友人に電話した最初の言葉が「夢のような切符が出たぞ」であったことをよく覚えている。

あれから、もう40年が経ってしまった。でも、恐らくはこの時代の鉄道趣味人の多くが、同じ思いを抱いたに違いない。なにしろ、お小遣い程度で全国の鉄道に自由に乗れるのである。こうして、鉄道で長距離をひたすら旅行する行為も、立派な鉄道趣味の一つとして認められるようになり、その潮流は現代の「乗り鉄」に受け継がれている。

鉄道模型の歴史

一方、写真や旅といったものとは少し違うのが、鉄道模型だ。鉄道趣味人の中でも楽しむ人とそうでない人の両方がいるが、鉄道趣味の大きなカテゴリーであり、長い歴史があることは間違いない。簡単に振り返ってみよう。

世界的に見ればその起源は19世紀中頃まで遡る。世界で初めての鉄道（旅客を輸送するもの）であるストックトン・アンド・ダーリントン鉄道が、イギリスで開業したのは1825年のことで、1862年には製品としての鉄道模型が発売されたという説がある。また、1835年にはドイツで鉄道黎明期の機関車である「アドラー号」の模型が発売されたとされている。鉄道模型業界では有名なメルクリン社がドイツ南部の町ゲッピンゲンで創業したのは１８５９年。創業者のテオドール・フリードリッヒ・ヴィルヘルム・メルクリンはブリキ職人だった。日本で初めての鉄道が新橋〜横浜間で開業したのは１８７２（明治５）年のことだから、それよりも早く、ヨーロッパにはすでに鉄道模型が生まれていたことになる。

日本で初めて作られた鉄道模型は、１８５５（安政２）年に佐賀藩主・鍋島直正公が作らせた小型蒸気機関車の模型とされ、この模型の線路の幅は１３０㎜であったといわれる。また、ペリーやロシアの軍人プチャーチンが来航した際にも蒸気機関車の模型を持参しているが、これらはいずれも趣味品というものではなく、日本に自国の文明・文化を紹介するために持ち込まれた産業模型の範疇に含まれるべき性格のものだろう。だが、時は新橋〜横浜間の開業以前。日本人が最初に触れた鉄道は鉄道模型だったという見方もできるわけである。

そんな日本でも明治時代には趣味の対象としての鉄道模型が生まれ、新橋〜横浜間で走り始めた陸蒸気《おかじょうき》や、京都で走り始めた路面電車が模型化の対象となっているが、これは今日のように動かせるものではなく、あくまでも鑑賞を主体とするものであった。時代が明

日本のHOゲージはさながら工芸品。手先が器用な日本人ならではの精巧さも魅力の一つだ。

治末期になると、欧米で作られた鉄道模型が輸入されるようになるが、この時代の物は価格も高く、本当に限られた人のみが手にすることができる贅沢品であった。その後、時代が昭和を迎える頃になると、国内にも複数の鉄道模型メーカーが誕生。1934（昭和9）年には雑誌『子供の科学』が創刊され、鉄道模型製作記事が掲載されるようになった。この時代の主流となっていたのはOゲージと呼ばれる規格で、これは32㎜幅の線路と、1／45〜1／48程度の縮尺が採用されていた。

戦中の空白期を経て終戦後には、在日のアメリカ兵やアメリカ本土向けとして製品を販売することを主眼として、幾つかのメーカーが誕生している。日本人は手先が器用とされ、職人の賃金が割安で、為替レートでも有利だったという条件を活かす形でメーカーは徐々に発展を遂げていった。これら日本のメーカーのアメリカ型模型は、アメリカのメーカーが手掛ける模型よりも精密だったと言い、日本在住のファンがこれを手に入れるためには「逆輸入」をしなければならないという状況が、そのあと長く続いている。

その後、日本の鉄道模型も趣味として広がりをみせ、昭和20年代後期から30年代にかけての社会の安定を背景として、鉄道模型を楽しむ鉄道趣味人が増えるようになった。月刊『鉄道模型趣味』を創刊した山崎喜陽氏によってＯゲージよりも小さなＨＯゲージ（「Half O」という意味）のスケールが推進され、縮尺１／80の日本の鉄道模型と縮尺１／87の海外の鉄道模型を、同じ16・５㎜幅の線路に乗せて運転する「16番」という考え方が生まれている。

昭和40年代になるとNゲージが誕生する。線路幅の９㎜にちなんでナインの頭文字を採って呼称とされたこの規格は、日本型が１／１５０、海外型が１／１６０で製作されている。日本のメーカーがプラスチック製の安価な製品を量産する技術をいち早く確立したこともあって価格も手頃であり、大きく普及した。また、狭い家でも充分にレイアウトが楽しめるスケールでもあることも人気を後押しした。現在、日本では鉄道模型といえばこのNゲージを指すほどで、HOゲージ、16番は、より精密な車両の工作を楽しみたい人の模型と分類される傾向が強くなっている。一方、欧米では鉄道模型の主流は依然としてHOゲージであり、車両が小さすぎず、様々な表現、遊び方が可能なサイズとして認められている。

このように、鉄道模型もそれなりの歴史を経て今日に至っているが、最後に鉄道模型の〝軌間論争〟にも触れておきたい。

戦後、日本がアメリカ向けに製作した鉄道模型は、アメリカの規格に合わせた縮尺1／87だったが、日本の鉄道車両の模型を製作する際、このスケールをそのまま当てはめると、日本の車両らしく見えなくなるのである。台車部が大きくガニ股風になってしまうためで、これは、アメリカの鉄道と違って日本の国鉄が狭軌（1067㎜）だったことが主な原因だ。そこで、1／80縮尺のHOゲージモデルなど、日本の車両らしく見せる色々なスケールが誕生するのだが、どれを美しいと感じるかについては、鉄道趣味人にとって現在でも議論百出のネタになっている。鉄道模型のスケールは用途とともに見栄えも大事で、それに応じて様々なスケールが今日にも存在している。例えばOゲージよりも大きな「1番ゲージ（1／32、45㎜ゲージ）」と呼ばれるものがあり、これは横浜市の原鉄道模型

一口に鉄道模型と言っても、ゲージによって印象が大きく異なる。どれが一番、美しく見えるかは、鉄道趣味人にとって永遠のテーマかもしれない。

博物館でレイアウト上を走行しているものを見ることができる。これだけの大きさとなると、走行音にも迫力があり、列車通過時のゴーッという音はまるで実物の列車である。一方、小さな模型としては１／２２０、６・５㎜ゲージを採用したＺゲージと呼ばれる規格があり、小さいゆえにインテリアとしても楽しめ、当初はドイツのメルクリンを始めとするわずかなメーカーのみが製品を出していたが、近年になって日本の国内メーカーも参入して製品の数が増えてきている。

実際のスケールを優先するか、見栄えや扱いやすさを大切にするかなど、模型を作る方も見る方も色々な視点や目的があって、これは恐らく永久に結論が出ないものであろうが、逆に言うとこれも鉄道模型の面白さの一つとも思える。明治の鉄道導入以降、日本の鉄道には広軌か狭軌かで論争があった歴史はよく知られているが、鉄道模型の世界にもこれと似た〝軌間論争〟があって、その影響は今日まで続いているのである。

ふたつのエポック・国鉄消滅とインターネットの登場

話を実物の鉄道に戻そう。この時代、鉄道趣味人にとって撮影、旅行、模型とも共通しているふたつの大きなエポックがあった。１１５年の歴史を支えてきた国有鉄道（国鉄）が消滅し、ＪＲが発足したことと、パソコンの普及である。

１８７２（明治５）年の鉄道開業以来、日本の鉄道をけん引してきた国有鉄道（国鉄）は１９８７（昭和62）年３月31日をもって姿を消し、翌日には民営会社としてのＪＲが発足した。国鉄の分割民営化は、赤字を増やし続け、労使関係も硬直化して組織としての行き詰まりを見せていた国鉄を解体する政治的な決着であったが、行く末の見えない国鉄に歩調を合わせたかのように、あの時代の鉄道趣味人の間にも、旅以外の分野ではどこか戸惑いのようなものがあったように思う。それまでは国鉄という存在があって、この巨大な組織が全国を列車で結んでいたが、一夜にしてその国鉄が無くなった。これに衝撃を受けた鉄道趣味人は多かったが、「旅立ちＪＲ号」など、この時しか運転されない列車が運転されて、それを追いかける鉄道趣味人もたくさんいた。また、特別なことは感じず、普段通りを過ごした鉄道趣味人もたくさんいただろう。その受け止め方は様々だが、そのまま各人の趣味スタイルが色濃く出たのが3月31日と4月1日だったと言えるかもしれない。ただ、鉄道趣味人にとって、これから先、全国を走る鉄道が、どのような形になってゆくのかは不鮮明だった。そのことをどう捉えたのかは百人百様であったはずながら、幸いなことにＪＲの境界を跨いで走る夜行列車は、それまでと変わらないように走り、鉄道趣味人を安心させてくれた。一つ劇的な印象を受けたのは4月1日の朝から各車両にＪＲのマークが掲出されたことで、それは大正時代に実施された連結器の一斉取り換えを思わせるシーンであった。

全国一元の国鉄から分割されたＪＲとなったことは、偶然かもしれないが、現代の鉄道趣味人の活動が細分化したことの原点のようにも感じる。また近年、「国鉄型」が注目さ

東京・上野両駅から全国へ向けて、国鉄発新会社行きというコンセプトの特別列車が運転された。写真は「旅立ちＪＲ東日本号」出発時の模様。国鉄からＪＲへ。この時代を生きた鉄道趣味人にとって、期待と不安が交錯した、一生忘れられない日である。上野駅　1987（昭和62）年３月31日

国鉄最終日の翌日がＪＲ誕生の日。前夜、東京駅を出発した「旅立ちＪＲ西日本号」が目的地・大阪駅に到着。国鉄総裁からのメッセージなどが託されていた。大阪駅　1987（昭和62）年４月１日

れるようになっているのは、その反動かもしれない。昭和60年代初頭までに開発された国鉄の車両には、現代の鉄道車両が失ってしまった感のある凛とした統一性、一貫性のあるデザインがあった。現代に登場する鉄道車両が地域の実情に合わせ、実に様々なデザイン、スタイリングを採用していることから生じたアンチテーゼ、回帰現象とも受け取ることができるかもしれないが、情報の豊富な中では少し皮肉な事象であり、趣味的な視点から見ると研究の格好の対象になる。若くして国鉄消滅の瞬間を体感した世代が、管理職やリーダーなどの要職に就く時代ゆえ、流行回帰の傾向になっているのかもしれない。

もう一つ、パソコンの普及とインターネットの登場は、紛れもなく鉄道趣味のスタイルを一変させた。一言で言えば「集団から個へ」ということだろう。新しいメディアを活用することで、自らが外出したり、人に会うことをしなくとも新しい情報を入手できるようになったのである。それはまったく新しい交流のスタイルの誕生だった。現在ではインターネットは趣味活動においても必需品になっていて、詳細は後述するが、そのルーツについては記しておいたほうがいいと思う。

このインターネットと鉄道趣味との繋がりを遡ると、今から30年以上前の「パソコン通信（当時は「ワープロ通信」とも言った）」が原点になる。これは、ごく初期のパソコンやワードプロセッサー（ワープロと言った）を電話回線に繋げるというもので、文字情報のみで、リアルタイムで情報交換していた。見る画面はごく単純なもので、現在で言うと写真などの添付ファイルが無いメールとほぼ同じである。

このパソコン通信、扱いやすく改良されたＯＳ「ウインドウズ95」の登場などによって当時大流行した。その中心にあったプロバイダーがNIFTY-Serve（ニフティサーブ）で、中でも会員数が多かったのが、鉄道趣味人が集まる「鉄道フォーラム」だった。

その始まりについては、筆者が解説するよりも当事者に語ってもらったほうがいいと思う。初代管理者を務めた下嶋一浩さんにご登場いただき、当時の様子を振り返っていただこう。

インターネット鉄道趣味こと始め

下嶋　一浩

はじめに

ある時、電車のロングシートに座ると、前も横もみんなスマホを眺めているという光景に驚いた。かく言う私もスマホを見ていた。いつの間にかインターネットが欠かせない世の中になっている。

思えば、今の若者たちは生まれた時からすぐ横にネットがあったのだ。今から話すことはそのような人たちにとっては、ネット社会の縄文時代、あるいは具体的な記録が残っているという意味では飛鳥時代ぐらいに相当するのかもしれない。その話というのは、鉄道趣味人がネットを利用し始めた頃のことである。

今は、場所を選ぶことなくネットで鉄道の情報をやりとりしているが、その前時代となるとパソコンやワープロによる屋内からの「パソコン通信」だったのだ。その一つが１９８７（昭和62）年４月15日に始まったNIFTY-Serve鉄道フォーラムだ。創設時の関係者のひとりとして、その〝飛鳥時代〟へとご招待したいと思う。今となっては何の役にも立たない情報だろうが、エピソードとして楽しんでいただければ幸いである。

鉄道フォーラム誕生前夜

1986（昭和61）年2月、日商岩井と富士通が出資して株式会社エヌ・アイ・エフが設立された。現在、@Niftyを運営するニフティ株式会社の前身である。同年4月に電気通信事業法が改正されるのを見越し、有望な新規事業と見込まれたパソコン通信サービス「NIFTY-Serve」を立ち上げるためだった。大きな売りは「フォーラム」というコンテンツであった。特定のテーマで集まった、ネット上の同好会、研究会である。翌年の資料によれば100近くのフォーラムが存在している。その一つが「鉄道フォーラム」であった。そして、私がそのシステムオペレーター、略してシスオペ（SysOp）なるものを開設時から4年ほど担当した。今で言うところの管理人である。ただし、いずれのSysOpも本業を持っており、あくまでも趣味の一環として引き受けていた。

ことの起こりは、サービス開始の1年前、かろうじて20代の時だった。仕事を終えて帰宅すると、日商岩井から私宛に封書が届いていた。全く心当たりはなかった。開封すると寺本佳照さんという方からの丁寧な手書きの手紙だった。内容は、来年パソコン通信なる新規事業を始める、ついては鉄道フォーラムを設けたい、鉄道とパソコンの両方に詳しい若い人を探している、やってみないか？　ということだった。意味が理解できなかった。パソコン通信と言えば、同じ部屋にあるスタンドアローンのパソコンをケーブルで繋いでデータ交換する程度にしか思っていなかったのに、全国からできるとある。

そして、なぜ全く面識のない、しかも京都に住む私なのか？　である。実はその頃、パソコン一式が個人でも買える価格になり、ＮＥＣのPC-8801MkIIを購入した。５インチのフロッピーディスクドライブ２基内蔵でこの値段かというセンセーショナルなものだった。そして、ドットプリンターで阪急電車のちょっと凝った編成表を出力したり、国鉄時刻表のデータを入力してＸＹプロッターでダイヤを描かせるなどのプログラムをN88-BASICで作成し、『鉄道ピクトリアル１９８５年1月号　通巻４４１）』で「パソコンの鉄道趣味への応用」として発表していた。これからは鉄道趣味にパソコンを持ち込めば何か面白いことができそうだという、提案だった。それを創刊号からの読者である寺本さんが思い出され、「この人だ！」とばかりに、白羽の矢をはるばる京都へと飛ばされたわけだった。さらに、三条京阪の近くの居酒屋で熱く口説かれたことを覚えている。そのあと、私なりにも勉強し、概念は分かってきた。そして、海の物とも山の物ともつかぬ未知の世界に飛び込む不安よりも、今までになかった全く新しい可能性を試してみたいという気持ちの方が強くなり、承諾することにした。こうして、寺本さんが鉄道フォーラムの生みの親、私がその育ての親となった。

人生初のアクセス

NIFTY-Serve開設の日が近づいてきた。通信を行うための環境を整えなければならない。先ずパソコンの横に電話回線のモジュラージャックなるものが必要らしいとなり、ＮＴＴに何度か足を運んだ。エヌ・アイ・エフからは、モデムと通信ソフトが送られてきた。モデムは明星電気のビーナスメイト３００なるモデム内蔵型電話機だった。そして、鉄道フォーラム開設準備のため、NIFTY-Serve公開の何日か前に接続することとなった。ネットに接続するという、人生初の経験に朝から挑戦した。でも、手順が今一つ分からない。肝心なところで前へ進めない。モデムの説明書を読むと、詳しくは通信ソフトの説明書を見よとある。通信ソフトの説明書を読むと、詳しくはモデムの説明書を見よとあった。悶々としながら我流で試行錯誤を繰り返し、接続に成功したのは夕方だった。この時の経験がトラウマとなり、以後、パソコンを買い替えるなどをしての初めての接続が怖くて仕方なくなった。

当時の通信環境

パソコン通信はパソコンやワープロを使って、テキストすなわち文字情報しかやりとりできなかった。

通信速度は３００bpsだった。１秒間に３００ビットの情報量である。光回線なら１Gbps（1,000,000,000bps）だから、もはや比較するにも例えようがない。とにかくブラウン管のモニターに文字が1個ずつ現れる速さで、リアルタイムに読めた。そのあと、１２００bpsとなり専用のモデムを買った。1行ずつ現われるようになり目で追って読むのが苦しくなった。でも、画期的な速度だと驚いた。さらにそのあと、２４００bpsも登場、再びモデムを買い替えた。今度は画面単位で現れるかのようで、これまた画期的だと驚いたものだ。

また、無料で使用できるものではなく、先ずはNIFTY-Serveのメンバーズパックなるものを1万円で購入の上、加入手続きを行い、接続中は1分10円のアクセス料が課金された。その上に、パソコンがある自宅からアクセスポイントまでのＮＴＴの電話料金も発生する。ＳｙｓＯｐの居住地によっては、アクセスポイントが市外となるので電話代が月10万を超え、市内に引っ越したという話も伝わってきた。しかし、そもそも当時はまだ普及していなかったパソコンかワープロを先ずは買い揃える必要があった。これらのハードルを越えた人たちが鉄道フォーラムに加入してきたので、必然的に会員の質は高かった。

鉄道フォーラム　創世期

こうして、1987（昭和62）年4月15日、NIFTY-Serve開設の日を迎えた。同時に鉄道フォーラムが誕生した日でもある。当日の朝、鉄道フォーラムを公開する操作をして出勤したが、帰宅しても朝のまま何も状態は変わっていなかった。当然である。会員は私とSub-SysOp の関口一孝さん2人だけなのだから。関口さんは東京のとある鉄道会社の運転士さんで、パソコンにも造詣が深く、先述の私の『鉄道ピクトリアル』の記事が御縁となって、フロッピーを送り合うなどの文通が先に始まっていた。そして、Sub-SysOpとして補助をお願いしたのであった（正確にはひとりでは不安だったので巻き込んだと言うべきかもしれない）。2人でせっせと掲示板に鉄道の情報を書き込むが、まるで〝公開文通〟のようなものだった。私たち以外の初めての発言は一週間ほど経った4月21日だった。しかしIDからどこかのSysOpであることが分かった。そして2番手、3番手も同様だった。フォーラムを任せられたもののパソコン通信という新しい手段をいかに活用すべきかといずれのSysOpも思い悩み、色々なフォーラムを覗いていた。見習うべき見本も無く、まさにゼロからの創造だった。

そして、4月29日、ようやく待ち望んだ一般会員の方からの書き込みがあった。初めての書き込みは誰しも勇気がいるもの、ひとりずつ歓迎のコメントを付けて温かく迎えることに心がけた。そのうち、一般会員は少しずつ増え始めた。でも、具体的な鉄道路線に対する意見などでは、私たちの守備範囲でない鉄道だと当り障りの無いコメントしかできず、やはり満足していただくには会員の増加を待たなければならなかった。

そうこうしているうちに、機能的な「電子会議室」をいずれのフォーラムもが活動の拠点とするようになり、鉄道フォーラムもジャンル別の電子会議室を設けて情報発信や意見交換などを行うようになった。そして、一般の方々に混じって、運転士さん、機関士さん、車掌さん、鉄道雑誌の編集部の方などの入会があり、爆発的に活性化し始めた。もちろん守秘義務を守りながらであるが、素人の素朴な疑問に対し、裏付けされた知識と経験に基づく回答には大いに納得、会員にとってはまさにパソコン通信でなければ体験できなかったことだろう。開設１年後には会員は２５０名ほどになり、裏方としての保守作業も増加していた。

運営方針

具体的な運営方法は様子を見ながら決めていったが、運営方針は開設前から明確だった。それは、パソコン通信自体を楽しむのではなく、あくまでも現実の世界における鉄道趣味をより豊かにすることだった。

つまり、ネット独特の世界を築くのではなく、ネットのメリットだけを採り入れた実社会と違和感の無い空間をそこに創りたかったのだ。ここで一番気になったのがハンドルネームだ。パソコンにはもともと興味はなかったが、鉄道フォーラムに入りたいがために機器一式を買い揃え、辿り着いた先がまるで〝覆面座談会〟の場だった、とはしたくなかったのである。でも、入会フォームがハンドルネームの設定を求めていた。必要としていない人にまでわざわざ覆面を被れと推奨しているかのようだった。そこで、なるべく本名での登録をお願いしていた。ただし、明記しなかったものの仮名でも構わないと思っていた。とにかく実社会と同じような空間にしたかったのだ。しかし、一方でハンドルネームで楽しむのがパソコン通信だという意見もあった。手段としてパソコン通信を使っている以上は認めない訳にいかず、結局、〝ハンドル／本名併記〟のお願いをしていた。あくまでもお願いであるが。

ちなみに、全体的にお願いはしても強制はしないといった、ほんわかとした雰囲気を大切にしていた。堅苦しいルールを羅列しなくても運営できたのは、会員の水準が高かったおかげだ。しかし、放任主義だったわけではない。運営スタッフは水面下で、オンでオフでと課題を先取りして真剣に議論を交わしていた。今、当時の資料を読み返すと、まるで職場での会議のようなことをしていた。ホテルに泊まりこんで会議をやっていたこともあったのだ。

初めてのオフ会

パソコン通信という前近代的なシステムであっても、私たちにとっては初めてのネットだった。今でこそ「オフ会」という言葉を聞いて、その意味が解らない人は少ないはずだが、鉄道フォーラムで初めて行ったオフラインミーティングは、開設翌年の１９８８（昭和63）年5月14日だった。関東と関西の2会場同時開催で、関東は地下鉄博物館、関西は北神急行谷上駅で、それぞれ運転シミュレータの体験をした。いずれも会員であるプロの現役運転士の指導付きだ。また、このオフのために臨時の電子会議室として「ミステリートレイン」なるものを開設し、打ち合わせから参加募集、終了後の感想まで扱った。初めて出会うという意味で〝ミステリー〟と名付けた。インターネット上でしか知らない、正確に言えば年齢も性別も社会的地位も知らない人と初めて出会いながらも、電子会議室の「話の続き」をいきなりディープにできるという不思議な体験をした。ネット媒体ならではの魅力、驚きであった。ネットの登場で、人と人の出会いの形も変わったのだった。

ネットワークトレインの運転

インターネットでこんなことができるのかと驚いたのが「ネットワークトレイン」だった。活性化の試みとして１９８９（平成元）年４月、同じNifty-Serveに設けられた料理フォーラムとコラボを組んだ。〃旅先での美味しい食事〃という共通項をテーマとした臨時会議室を双方に設け、お互いの会員が〃相互乗り入れ〃して盛り上がっていた。そこへ様々なユニークな駅弁で有名な神戸の「淡路屋」さんの社長が加入してこられた。当然、駅弁の話題で盛り上がる。そして、理想の駅弁はいかにと話し合われ、ある程度形になると、淡路屋さんが試作しようとなった。では、どこで試食するか？　駅弁だから当然列車の中でしょ！　と盛り上がってしまう。そして、とうとうＪＲで貸切列車を走らせることになってしまったのだ。時あたかもNIFTY-Serveの会員が10万人を突破、エヌ・アイ・

料理フォーラムが製作した記念グッズ。誰もが新しいメディアに可能性を感じていた。（提供：松尾康子）

エフの後援もあり、「ＮＩＦＴＹ会員10万人突破記念イベント　ネットワークトレイン」という本物の列車が走ることになった。淡路屋さんの他にも姫路駅の「まねき食品」さん、草津駅の「南洋軒」さんも参加、ネットで語られた〝文字の駅弁〟が現実の姿となって登場、当日の列車内で試食することになったのだ。まさに思いもしなかった展開であった。

顔が見えなかった者同士がパソコンで繋がり、一つの列車を走らせるまでに発展した。（提供：岡本文彦）

こうして、１９９０（平成２）年４月14日、ＥＦ81形４４号機＋ジョイフルトレイン「あすか」による「ネットワークトレイン」が約１００名を乗せ、新大阪～湖西線経由敦賀～米原経由京都で琵琶湖を一周した。ＥＦ81の前後に取り付けられたヘッドマークも、オンライン上で話し合われた文字情報を鉄道フォーラムの会員がデザインに起こしたものだった。鉄道フォーラムゆえ、車両やルートについては様々な希望が出されたが、結果は現実的なものとなった。その代わりにと、ダメ元でサプライズ企画をお願いした。それは、列車が梅小路蒸気機関車館の横を通過する時に、汽笛を鳴らしてもらうことだ。本線のすぐ横で待機していたC61形2号機が白いスチームを吐きながら高らかに歓迎の汽笛を鳴らし、機関士さんたちが手を振ってくださった。

あれから35年

以上が、脳内の片隅に圧縮保存されていた35年前の記憶を、不完全ながらも解凍した結果だ。当時ドットプリンターで出力したログに随分と助けられた。紙は黄ばみ、一部シミに食われているなど、まさに〝飛鳥時代の古文書〟を見ているかのような気分になった。5インチのフロッピーは残ってはいるものの、もはやドライブがない。やはりアナログは不滅だ。

さて、たった2人で始めた鉄道フォーラムも4年後の1991（平成3）年には会員数は3500名ほどになり、私たちが保守に費やさなければならない時間も膨大なものとなっていた。仕事を終えて帰宅するやいなや、パソコンルームに籠りっきりとなってしまう日々が続き、やがて新婚生活にも摩擦が生じるようになった。もはや趣味としての範疇を越えていた。私は管理人の仕事を後継に委ねることにし、1991（平成3）年6月30日に引退した。

そのあと、通信技術は飛躍的に進歩した。所かまわず画像でも動画でも瞬時にやりとりできるまでになった。しかし、残念なことに進歩していない、いやむしろ大きく後退した一面もある。それはモラルだ。いちいち例を挙げるまでもなかろう。あり過ぎるほどだ。当初から危惧していたネットのデメリットが一気に噴出してしまった。使い手の成熟を待たずして、手段がばら撒かれた結果だ。鉄道趣味界においても無縁ではない。雑誌への投稿では編集部というしっかりしたフィルターが掛かるが、ネットでは発信者ひとりで即決、事業者が公開していないことでも「公開」するのである。そのあとにネットの向こうで起こるかもしれない影響も想像してほしい。

早くからネットの世界に身を置いたが、今は落胆や幻滅を伴いながらも、便利さだけは遠慮せず享受している。仕事でも生活でもネットとデジタル抜きにはやっていけない世の中になったが、だからと言っていずれも万能のツールだとは全く思えない。主人公の我々はアナログだ。いつの時代にも変わらないものがあるはずだ。アナログでホッとすることもある。何か素直に受け入れられない気持ちの鬱積が近頃の〝アナログの逆襲〟になっているのだと思う。ネット、デジタル、アナログ、それぞれのメリットだけを勝手気ままに使い分けて、鉄道趣味を最大限に楽しむことを心がけるようになった今日この頃である。

第2章

鉄道趣味人たちの生き方

鉄道が好きになる条件

「そこに山（エベレスト）があるからだ」という有名な言葉を口にしたのは、イギリスの登山家ジョージ・マロリーで、この原文は「Because it's there.」である。この言葉は命を賭してまで山に登ることとの意義を問われた際に、これを〝うっちゃる〟ためのものであったと言われている。人間が何かに興味を示し、それを一生の伴侶とするのに面倒な分析はいらない。それが気に入ったから、それを楽しむということだけで十分である。

鉄道趣味もこれと似たようなもので、きっかけは小さなものに過ぎないが、その世界の魅力に気が付いた人は長い付き合いとなり、他の世界により大きな魅力を感じた人はその世界に移ってゆく。それはとても自然なことで、良し悪しを語る問題ではないが、今日も鉄道を趣味、つまり自らの嗜みの一つとする人は多い。これはなぜなのだろうか？

多くの鉄道趣味人に話を聞いてみると、鉄道が好きになるきっかけとして比較的共通しているのが、「子どもの頃住んでいた家の近くに線路があった」というものだ。毎日の暮らしの身近な所に線路があり、その上を列車が走ってくる。その色や形は様々で、時々、見慣れない車両が走ってくることもある。鉄道車両が目の前を通り過ぎるというのは、とても勇壮で、音や振動にも、自動車などには無い迫力がある。そして、何の予告もなく、見慣れない車両が走ってくる神秘性。毎日、規則正しく運行される公共性。そういった特別感のある要素が少年少女の心を惹きつけるのだと思う。

もう一つ、鉄道との触れあいの中で、鉄道員や駅員などと接したことがきっかけというエピソードもよく聞く。駅員や運転士、車掌などに親切にしてもらったことや、中にはそんな鉄道員の優しさや強さに憧れて、鉄道の世界でプロとして働くことを志したという理由も、鉄道現業で働く多くの人の言葉として耳にする。

鉄道が好きになるきっかけとして、職員に親切にしていただいた、という思い出話はよく聞く。上野駅　1972（昭和47年）11月

生まれてから年齢を重ねていくのは万人共通だが、幼少の頃

から、どこか常に鉄道の存在があったことも、多くの鉄道趣味人の人生談にある。小学校に上がった時、クラスの中に鉄道が好きな子が一人、二人くらいはいて、まだ自分が知らない鉄道の楽しさを教えてくれたとか、一緒になって近くの駅に列車の姿を見に行ったことがあるなど…。子どもの頃は遊び道具が豊富に揃っていなかったために、定期的に通る列車を見ることが大きな楽しみとなっていた人もいる。時刻表の巻頭地図で日本の地名の多彩さを覚えたり、運賃計算で算数の面白さを知ったという早熟のケースもよく聞く。これは、昆虫採集や鬼ごっこなどとも同じ〝遊び〟であるだけではなく、鉄道＝学習の場でもあった。

鉄道は恋人であり、遊び相手でもある

こうした鉄道趣味人の成長過程の典型は、筆者の長い鉄道趣味活動の中で多く見聞してきた話だが、当章では、それらにもっとクローズアップし、個人個人の実際の体験談をも

とに鉄道の魅力を明らかにしてみたい。すなわち、現在まで活動を続けられている鉄道趣味人は、どのようにして鉄道に興味を持ち、どのように成長してきたか、そして、どんなライフスタイルを確立しているか、鉄道の何に魅せられているのか、である。

ライフスタイルというと、なんだか大げさな、格好の良い、ずいぶんとお金がかかりそうな日常を連想してしまいそうだが、そうではない。ごく自然に鉄道という対象と触れあい、それを生きることの糧としている人たちの姿である。つまり、鉄道に興味の無い他の誰とも同じ毎日を過ごしている人たちのものだ。

まずは札幌在住、眞船直樹さんの趣味生活。眞船さんは、仙台で暮らした時代も長く、自身が一番の思い出としている「もう一度乗ってみたい列車」は、Ｃ59形１７６号機けん引の長町発陸羽東線経由新庄行２７１５列車であるという。

「中学時代のノートはこの列車のことばかり。まるで初恋の彼女との交換日記です。文章は表現力も乏しくひどいもの（すごいとか美しいとかしか出てこない）ですが、私の思春期はこれしかありません」と眞船さんは、当時を振り返る。

国鉄が蒸気機関車の末期の時代に製作した大型蒸気機関車、Ｃ62形やＤ52形は需要に応じて他の形式から改造されて誕生したのに対し、Ｃ59形は当初から本線用の大型蒸気機関車として新規製作された。形の整った機関車で、この形式を国産蒸気機関車の完成形に挙げる人も多い。

「中学の時、教科書に載っていた中野重治の『機関車』は読んでいて涙が出てきました。中野重治の『汽車の罐焚き』も文庫本を買い、衝撃を受けました。まるでその場にいるかのような文章なんですね。鉄道趣味って言葉なんだと思いました。それから中野を目標に文章を書こうとしました。C59を美しいだけではなく、どう表現するか。恋人へのラブレターの文章を練るように考えては消し、考えては消し、をしました」と言う。眞船さんにとって、C59形は、紛れもなく恋人と同等以上の存在であるように思える。今は「鉄道文化観察人」として文章を記すことも仕事の一つとなっている眞船さんは、好きな文学作品の一つに太宰治の『列車』を挙げる。

「あの臨場感は何なのでしょう? まるで戦前の上野駅にタイムスリップした感覚に襲われます。C51が梅鉢製だったり、スハフ１３４２７３という謎の客車も出てきますが、これは太宰の頭の中でごちゃごちゃになっているのが、むしろ太宰らしくてすごくいい。ここで正確に記述されると太宰ではなくなる」と、眞船さんは作品の魅力を語るが、太宰が描いた臨場感をそのように感じ取ることができるのも、読者の側に知識と体験があるからだろうか。

同じく札幌に住む早川淳一さんは、今は鉄道写真の撮影を中心に幅広い趣味活動を続けている。数多くシャッターを切っているのは地元の札幌市電で、札幌の路面電車が環状運転を開始する前後から、さらに現地探訪の機会が増えている。

「私は生まれも育ちも札幌。そして仕事で住んだのも北海道内のみ…なのですが、何故か北海道内の鉄道よりも、全国の路面電車や、私鉄全般が好きです。とくに「撮り鉄」や「乗り鉄」といった固定ジャンルに特化するわけではなく、歴史から今後の活用（まちづくり等も含む）まで様々なジャンルを突っついて、広い意味での「鉄道」というフィールドの中で諸々遊ばせていただいています」と、早川さん。確かに、月刊誌の誌面やSNSでは、昔ながらの店舗が姿を消してゆく札幌・狸小路の報告などもあり、鉄道というジャンルからは遊離しているものの、駅と街の関係を考える上で貴重な情報となっている。首都圏や関西への、奥様同伴での取材も多いそうで、東京周辺の某駅での列車の案内表示を見て、「東京駅に行くにはどの列車に乗れば良いのだ?」と悲鳴を上げたこともあった。この時の案内表示には、宇都宮、籠原、大宮などの駅名は並んでいたが、東京という行先を掲げた列車は、どこにも表示されていなかったのである。こんなリアルタイムの報告が楽しめるのは、ファン同士ならでは。時に家族から冷たい視線を浴びることもある鉄道趣味だが、家族旅行ということであれば反対意見は少ないはずで、趣味を家族ぐるみで楽しむコツとも言えそうだ。

鉄道で成長する人たち

ＳＮＳというメディアを生かして、現在は東ヨーロッパに住みながら、趣味活動を刻々と報告し続けているのが橋爪智之さん。子どもの頃は「実家の近所に東海道新幹線と品鶴貨物線が通っており、帰り道には鉄道模型屋のショーウィンドウを見るというのが日課だった」と言い、今はフリーライターとなって、ヨーロッパの鉄道の魅力を発信し続けている。そんな橋爪さんも学生時代には、グループ旅行でプランニングを任されたが「ベルリンへ移動する予定で出発したが予定の列車に乗り遅れてしまい、『トーマスクック時刻表』で次の列車を調べ、終列車で乗り換え駅のミュンヘンには着いたものの、乗り換えるはずの列車は来なかった。その列車は臨時列車だったのです」という失敗もあった。一同、ミュンヘン中央駅の地下街で夜明かしをしたというが、〃鉄道の専門家〃としては肩身が狭かったことだろう。ヨーロッパ大陸の列車の乗り継ぎの難しさは、知る人ぞ知る。もっとも、今は各駅にリアルタイムで稼働する端末が置かれているから、簡単な英語さえできれば、このような事態に陥ることは無いだろう。だからこそ、貴重な体験とも言えそうだ。かく言う筆者の乗り継ぎの失敗はといえば…、3～4回はあるけれども、どれもその日のうちに自宅、またはホテルに帰れたのだから、これを失敗に数えるわけにはいかない。もしもあの時、TGVに2つだけ空席が無かったら、友人と一緒にアムステルダム駅前で夜明かしをすることになったのかもしれないが…。

橋爪さんは、近年のファンのマナーについても言及し、「狭いフィールドでの差別化欲求にこだわらず、どこの国でもいいから、一度でも外国の鉄道を見てほしい。日本の鉄道を客観的に見ることができ、自分の趣味を理解する上でも役に立つ」と提案する。

鉄道という趣味が「モノの見方を変える訓練になる」と指摘するのは鳥塚亮さん。「単なる輸送手段であるはずの鉄道が、見方を変えることによって色々な価値を見つけられる。その広がりが面白い」と言う。自身は「乗り鉄」が一番楽しいと感じ、「機関車が大きな駅ごとに水を補給して、郵便荷物車から郵袋や新聞などを下ろす。お客さんは顔を洗ったり駅弁を買ったりして時を過ごし、やがて、遠くから汽笛が聞こえてきて、向こうのカーブを曲がって列車がやってくる」と、自身が子どもだった時代の忘れられない情景を語る。今はえちごトキめき鉄道の社長を務める鳥塚さんは、今、この路線で455系電車を使用した急行列車を動かし、直江津駅に隣接する車庫内を公園に仕立て、圧縮空気で動くD51形蒸気機関車の運転も行っている。そんな活動は、鳥塚さんが昔見た、鉄道旅行が一番楽しかった時代の再現であるのかもしれない。

国鉄急行列車全盛時代の思い出を語ってくれたのは、旅行ライターとして活躍を続けている小林しのぶさん。「一番の思い出は、1975（昭和50）年頃に友人と二人で乗った急行「能登」。上野から金沢までの道のりは、ボックスシートが硬くて眠れず、その時は二度と乗るまいと思いました。けれども今は、もう一度体験したいと思っています」と昔のことを思い出していただいた。今は鉄道で旅行することも仕事の一つとなり、いつの頃からか「駅弁女王」なる称号で呼ばれるようになった小林さんだが、一番の思い出は、遠い昔の苦しかった旅ということだろうか。

実は小林さんのように、今は社会の中堅以上の年齢になり、昭和40年代から50年代にかけての、鉄道旅行を懐かしく感じている人は多い。あの頃の鉄道は、現代の鉄道と比べればあちこちが貧相で、列車も決して乗り心地の良いものではなかった。冷房がついているのは特急など限られた列車のみで、ホームに停車中の特急型車両の車内から夏になると出てくる冷風は、それだけで憧れの対象となるのだった。

そんな時代の急行「砂丘」を思い出の列車に挙げるのは、今は横浜市内で鉄道模型店を営むNoboru Ueda Modellbahn-JPさんだ。会社員だった時代の勤務先だった大阪近郊から中国地方への出張に際しては、この列車が一番使いやすかったのだと言う。急行「砂丘」はキハ58系を使用しての運転で、特別な設備が備わっているわけではないが、携帯電話も電子メールも無い時代に列車の中で過ごした数時間という時間は、きっと仕事から離れた開放感が感じられるものであったに違いない。そんな体験も、今は「お店に来られるお客様との会話のネタにもなり、いい題材になっています」と言う。あの時代には、同じような列車に乗り、同じようなことを感じていた人も多かったのだろう。そして、今は同じようにあの時代を懐かしく思う。そんな思いを共有できることも、鉄道が好きな者同士の特権であるに違いない。

今があるのは鉄道のおかげ

Noboru Ueda Modellbahn-JPさん同様に、自身の模型好きを仕事に生かしているのが、井上晃良さん。「この趣味があったからこそ今の私があります」と語り、今は高崎市に住み、工業デザイナーとして活躍しながら、東京の大学でデザイン史などを教える。日本の大学卒業後は、鉄道とは別の世界に就職したものの、鉄道デザインが確立されているドイツに興味を持ち、ドイツの美術大学でデザインを学んだあと、ドイツの車両メーカーで、車両デザイナーとして働いたという経験を持つ。鉄道への尽きることのない興味と知識があったからこそ、国境という垣根を越えての仕事ができたのだろう。

井上さんはドイツの鉄道模型メーカー、メルクリンの日本コーディネーターも務め、これも知識があったからこその仕事だ。もちろん、自室にも何両ものメルクリンの機関車が(愛猫の襲撃を受けないように留意されながら)、並んでいる。当然ながらヨーロッパの鉄道の思い出は多く、もし、もう一度乗れる列車があるとすれば、「1920年代のラインゴルトなどのプルマン列車。1960年代から70年代にかけてのTEE列車。フランスの

夜行普通列車「山陰」が米子駅へ到着。10系寝台車、客車列車はおろか、夜行で走る普通列車ですら今は無いが、まるで浮世離れしたような鉄道旅は、一定の年齢以上の鉄道趣味人の原体験に深く刻まれている。米子駅 1978（昭和53）年6月29日

Le Train Bleuなどのオリジナルの欧州豪華列車」と語る。一方で、自身の一番の思い出は「初めて京都駅から夜行寝台車『山陰』に乗って撮影旅行に出かけた時のことです。10系B寝台車はうわさ通り寝台幅が狭く天井も低い。興奮してほとんど眠れませんでした。早朝の米子駅のホームで食べた、炊き立てのおこわの味も忘れられません」と教えてくれた。ドイツの鉄道の世界で働き続けたデザイナーの思い出の味はおこわ。聞いていて何だか楽しくなる逸話である。鉄道好きにとっては、そんな小さな情景の一つ一つが、好きな者同士であれば理解できる共通言語となっている。

同じく鉄道を仕事にしてしまったのが、ライター&フォトグラファーの、いのうえ・こーいちさん。ご自身が乗ってみたかったのは、展望車が連結されていた時代の特急「富士」。この列車は1961（昭和36）年10月1日に151系電車による電車特急に変わってしまったから、展望車が連結されていたのはもう遠い昔のこと。当時のことを知っている人は、もうそれほど多くない。今はなき軽便鉄道にも造詣が深いいのうえさんだが、それでも、自身は「ああ、先輩はいいなあ、C51も撮れたし、軽便もいっぱい撮影できたし…」と語る。実は「あと3年早く生まれていれば…」と言うのは、鉄道趣味人の常とう句。この種の願望は、鉄道が好きな人間が10人いれば10人が抱いていると思ってもいい。だから、せめて今、毎日見ている車両を、記録と記憶に留めておくことである。それが積み重なり、資料として役に立つ日が、必ず、すぐにくる。

たとえ自宅から一番近くの線路でも、そこを走る車両は毎日同じものとは限らず、時代の変化もあり、地元の鉄道は退屈とはならない。都内に在住する嶋野崇文さんは「ご近所鉄道撮影派」を標榜し、地元の記録をSNSにも随時アップしているが、その方法は多彩で、時には動画がアップされることもあり、眺めているだけで楽しい。要は何に関心を持ち、それをどう表現するかであることを教えてくれている。嶋野さんは「目の前の好きな女性に告白する時に、あなたの鼻が好きです、目が好きです、と言わずに、あなたの全てが好きですと言いますよね。鉄道もそうです。私は〝○○鉄〟ではなく、鉄道の全てが好きです」という言葉を寄せてくれた。これもまた一つの真理であるように思う。自身が乗ってみたかった列車は新橋〜横浜間の1号機関車による初列車、満鉄の特急「あじあ号」であると言い、この夢が果たされることはないが、裏を返せば今、動いている列車も、必ずいつの日にか、このような思い出の列車となってしまうのだ。かく言う筆者も、乗ってみたかったのは、現役の時代の木曽森林鉄道や、北海道の根北線や、伊豆急行の「スコールカー」など、これも数え始めたらきりがない。趣味の世界ならではの感情かもしれない。

未知との出会いの衝撃

井上さんの原体験・米子駅ホームのおこわもその一つなのだろうが、鉄道趣味、あるいは鉄道旅行の楽しみには「未知との出会い」がある。1章に登場していただいた下嶋一浩さんが、これまでの趣味人生の中で一番印象的だったシーンは、「1975（昭和50）年に、そこにどのような車両があるのか全く予備知識を持たないまま別府鉄道を訪れた時」であったという。別府《べふ》鉄道とは、兵庫県の南西部に総計7・8㎞の路線を有していた小私鉄。貨物輸送を主体としながらも一日に数本の旅客列車も運行し、全線が非電化であったことからディーゼル機関車が小さな客車をけん引するという、全国でも珍しい輸送形態が続けられた路線として、鉄道趣味人の間では知る人ぞ知る存在となっていた。「ハフ7形客車をはじめ、見るもの全てが衝撃だった。まさに生きた化石の住処、その日は一日夢心地だった」と下嶋さんはその日を振り返る。普通の人が見れば、きっと古い、小さい、遅い鉄道で、車で言うところの車検切れ、廃車寸前。誰だって新車がいいと思うはず。ところが、一方でこういったものに衝撃を受けるくらい魅せられる人もいるわけだ。この正反

ハフ7形という小さな客車と貨車を一緒に連結して走っていた別府鉄道。隣を走る山陽本線の電車とは隔世の感があった。土山駅　1979（昭和54）年3月27日

対の反応こそ、趣味の面白さなのかもしれない。惜しまれることに別府鉄道は１９８４（昭和59）年2月1日に全線が廃止となり、もうその姿を見ることはできない。それだからこそ、この一日のことが、下嶋さんにとって素晴らしい思い出となっているはずだ。

そんな出会いを求めて、今、都立高校で教鞭を取っている元木史昭さんは、休日を最大限に利用して、全国の鉄道を旅している。もしも可能であれば乗りたい鉄道は「頸城鉄道、尾小屋鉄道、草軽電鉄、沼尻鉄道のような、私が乗ることができなかったナロー鉄道」であると言うが、これももはや果たせぬ夢となってしまった。となる

と、今も憧れているのは全盛時代の国鉄型車両となりそうだが、「昔は国鉄時代の旧型客車や、10系寝台車などを懐かしく思ったこともありましたが、今はもう一度乗りたいとは思いません。だって、今の車両の方がずっと乗り心地が良くて快適ですから」と言い、これは人生の年輪とでも呼ぶべき変化なのかもしれない。そんな元木さんが今までで一番衝撃を受けた車両の一つが、京王線２０１０系第二次増備車（２０１５〜２０１８）であったというから、これは相当な観察眼だ。その理由は「シールドビーム、電照式方向幕、アルミサッシ、全てが京王線で初採用でした。なんと輝くばかりにかっこいいと、しばし見とれて、２両目を見たら、古色蒼然としたダブルルーフの旧型車を改造したサハ。あまりの落差にまた驚愕」と言う。

そう。昔は、このような未知との遭遇、思わぬ出会いがあったことも、全国の鉄道を訪ねることの大きな楽しみとなっていた。「見たことが無いものに出会うのが、鉄道趣味の最大の醍醐味だと思うのですが、最近は、どこに行けば何が見られるのか、最初からすっかり分かってしまうので、印象的な出会いがほとんど無いのが残念です」と元木さん。確かに、今は世界中のほとんどの風景を端末で見ることができてしまう時代である。そんなこともあってか、京浜急行電鉄が自社線で「ハッピーイエロートレイン」を登場させた時は、あえてこの列車を一切公表せず、利用客を驚かせてみせたのだった。そして突如として登場したこの「黄色い京浜急行」は、携帯カメラを携えたママ鉄までが追いかけるほどの大きな関心を生んでいる。これからは、鉄道事業者にもそんな謎を作ってほしいと、これは筆者の贅沢な要求だろうか。

「鉄道の魅力＝未知との出会い」であれば、自宅から遠く離れた場所や希少な車両ばかりが対象とはならない。鉄道が好きな人なら誰もが憧れ、けれどもなかなか足を踏み入れることができない場所はあるもので、例えば運転室や展望車である。まだ特急列車が誰でも気軽に利用することはできなかった戦前などは、客車特急の最後尾に連結された展望車のデッキは憧れの場所であったろうし、あるいは「ブルートレイン」の元祖・20系客車の最後尾に連結されるナハネフ22形の最後尾も、それに似た存在であった。展望デッキのついた客車は１９６１（昭和36）年10月には営業運転から退き、乗りたくても乗ることができない存在となった。ただし、運転室はお金を払っても乗ることができない。

新聞社に勤務し各地を飛び回っている松波良城さんは、子どもの頃に貴重な体験をしたことが、鉄道好きから離れられないきっかけとなった。岐阜駅、あるいは名古屋駅のホームで列車を眺めているうちに、運転士さんが運転室を見学させてくれたのだという。その

関係者以外立ち入り禁止の運転室だが、「子どもの頃乗せてもらった」という経験も時折聞く。直接触れた鉄道マンの優しさも、鉄道趣味人になるきっかけの一つだった。　東京駅での特急「はと」 1958（昭和33）年4月11日

車両とはＥＦ58形であり、ＥＨ10形であり、ＥＦ61形であり、クハ86形であったという から、東海道本線全盛時代を知るシニアの鉄道趣味人にとっては垂涎の車両たちだが、当時の国鉄の花形車両でもあった。もともと鉄道が好きだった子どもが、このような特別な経験をすれば、より一層鉄道が好きにならないはずがない。当時の国鉄には規則に縛られるだけでないおおらかなところもあったようで、こうしたちょっとした〝特別扱い〟を受けた経験を口にする年配の鉄道趣味人は意外と多いから、これもまた鉄道の魅力であったのだろう。雪の中を駅まで帰り着いたら駅員さんがお茶を差し出してくれたという逸話も耳にしたこと

があるし、中には撮影地となる峠まで、蒸気機関車の運転台で送ってもらった体験を持つ猛者もいる。こうなると、まるで貸し切り列車であるが、当時の鉄道マンたちの独特の優しさは、とくにシニア世代の鉄道趣味人にとって、大きなきっかけの一つであったと思う。

松波さんは、今でも「写真撮影、ＨＯゲージ鉄道模型、乗り鉄、呑み鉄、きっぷ集め、仲間と列車の貸切など、なんでも」楽しんでいるというから、運転士による電気機関車運転席の〝即席見学会〟は、立派な先行投資となったわけだ。

鉄道模型で作る自分の空間

次は現実の鉄道とは別に、鉄道模型の世界の趣味人たちである。

自身が営む歯科クリニックに、コレクションのＮゲージ車両の展示台を作ったのは植松一郎さん。お父様が買ってきたメルクリンのセットを見たのが10歳の頃。それからは毎日模型のカタログを見て過ごすようになり、鉄道模型との付き合いはそれ以降。中学校で鉄道研究会に入り、16番ゲージでペーパー車両工作に手を出すも『鉄道模型趣味』１９７５年10月号でアメリカのＮゲージのモジュールレイアウト（レイアウトを幾つにも分割して、合作の形で大レイアウトとするもの）ＮＴＲＡＫの規格を知り、１９７７（昭和52）年にＮゲージに転向。以降、今日までＮゲージ一筋であるという。さすがに医院内での鉄道模型の展示には悩んだが、今は来院者とのコミュニケーションツールとして役立っているというから、鉄道の楽しさとは多くの人が理解できるものなのだろう。

ちなみに、趣味の対象としているゲージはＨＯゲージ専門、Ｎゲージ専門という具合に、比較的棲み分けされる傾向があるが、それぞれのサイズの鉄道模型には、それぞれのアドバンテージ、ディスアドバンテージがあって、鉄道趣味人それぞれのスタイルが表れる。その点、筆者はと言えばＨＯゲージ、Ｎゲージ、Ｏゲージナローなど、様々なスケールに手を出して、結局のところまとまった作品のようなものはこれまで何一つ無い。これは人生の大いなる反省材料であるのだが、急行「砂丘」の思い出を語ってくれた模型店店主のNoboru Ueda Modellbahn-JPさんに「趣味なのだからそれで良い」と慰められた時には、ほっとしたものである。

自宅のロフトにＮゲージレイアウトを建設中の青森恒憲さんは、「これと並行して過去のネガ、ポジをデジタル化しています。名付けて『懐古主義恣意的撮影および理想郷製作』。ただし、作業を終える前に寿命が尽きる予感がしています」と言う。このロフトはクリアランスにも注意を払い、十分な居住性が確保されているというから、ぬかりはない。

寿命などという言葉を持ち出すと大げさのように聞こえるかもしれないが、鉄道模型の世界の格言に「レイアウトには完成の日が無い」というものがあって、これはレイアウトの制作は、いくらでも作業を追加でき、あるいは設定の変更や作り直しもできて、だからいつまでも楽しめるということを意味する言葉なのだが、それはレイアウト作り、あるいは鉄道模型に限らず、あらゆる趣味、創作活動にもあてはめることができる至言であるように思える。趣味とはそのようなものであるから、一生の伴侶になるのである。ＳＮＳの報告を見る限りでは、青森邸のてっぺん近くにあるらしいドイツの国は日を追って少しずつ拡大し、建物も増え、街の姿は徐々に形を整えている。けれども、そこを走っている車両はといえば蒸気機関車一辺倒で非無煙化が続き、人類の進歩と完全に逆行している。廃車寸前の別府鉄道に魅せられた下嶋さんとどこか共通した興味のベクトルがあるような気もして、趣味たる面白さを知る。つまり、これもまた、趣味の楽しみ方の一つなのだろう。

今は見ることができなくなった車両、あるいは自分が訪れることができなかった街の姿を模型で再現し、自らがその街の住人となるのである。近年は模型車両に搭載できる小型カメラも製品化されているので、これを導入すれば模型の世界の「前面展望」を楽しむことができる。デジタル機器の進歩によって、駅の案内放送を車両、あるいはレイアウト上に設置したスピーカーから、列車の走行音や、駅の案内放送を流すこともできるようになった。踏切遮断機の警報機もある。ヨーロッパの鉄道模型の製品には「教会の鐘の音」というものまである。

東京の私鉄に勤務し、「パソコン通信」の黎明期にこの新しいメディアの発展に大きく貢献された関口一孝さんも、鉄道模型を自身の趣味活動の一つに位置付けている。扱うテーマは多彩で、自身のSNSには、国鉄の蒸気機関車や軽便鉄道の車両の制作をアップしている。その一方で、サバイバルゲームへの転身やドイツ軍戦車も扱って閲覧者を煙にまいたが、そのあとにはまた鉄道模型の制作記事を登場させて趣味活動の広さと堅調ぶりをアピールした。SNSの報告には、真鍮生地から製作の途上にあるD51形蒸気機関車の炭水車のみが登場し、今進めている工作を「午前中から格闘」と称し、写真が添えられている。まだ機関車としての体を成していない模型のパーツ一つ一つの姿にも工作の過程を楽しんでいる人柄が透けて見えて、分かる人には分かる、それだけで十分に楽しめるものとなっているのである。

関口さんと同時に黎明期のNifty-Serve「鉄道フォーラム」で活躍した紅谷信之さんは、小学校時代にお父様が買ってきたメルクリンを一緒に触り始めたことで、鉄道模型の楽しさを知り、自身でもペーパー車体の模型を作り始める。しかし、大人がきれいに作ってみせるペーパー車体の電車は、子どもではなかなか手に負えない。そのあとしばらく鉄道の趣味は沈静化していたものの、パソコン通信と出会い、同好の仲間を得たことで模型熱が再燃。神奈川県の海岸線を舞台にした共作レイアウトでは制作が一番大変な車両基地のパートを担当したり、ＨＯゲージのＥＦ58形や20系客車など、魅力あるアイテムのコレクションは今でも続けられている。自身はこの復活の歩みをひと言「泥沼の世界です」と振り返るが、燃える時には燃え、休む時には休むことができるのも趣味ならではというところだろう。

かように、鉄道模型の制作も凝り始めれば実に際限がなく、ある意味でそれは失敗の連続でもあるのだが、失敗したからといって、そのことを後悔したりはしない。そのことに趣味活動の本質的な意義が示されているように思える。

鉄道を仕事にした人たち

趣味を仕事としてしまうことが、本当に楽しいのかどうか。これについてはふた通りの答えがある。よく耳にするのが「趣味はあくまでも趣味、仕事とは切り離したほうがいい」というもの。これは本当にその通りで、限られた時間のON／OFFの明確な切り替えを可能にする。そしてもう一つの答えが「好きなことを仕事にすることが、一番幸せ」というものだ。実はこの答えも間違いではなく、まったく逆の答えにそれぞれ分があるからこそ、この疑問にはいつまで経っても解答が得られないのである。鉄道に限らず、これは人の生き方にとって、永遠のテーマかもしれない。

鉄道趣味の世界でも、子どもの頃から鉄道が好きで、その世界のプロになってしまった人は少なくない。ただ、鉄道業界に従事されている多くの方々を見る限り、「趣味が高じて」という表現は必ずしも正しいとは思えない。好きだからといってそれを職業にできるとは限らず、もしもそれを仕事に選ぶのであれば、それなりの覚悟と素養や資質、あるいは一定のスキルが求められるからである。運転士になりたいと考えても、それには鉄道会社に採用され、国家試験をパスしなければならないのだから、趣味の延長がプロとはならないのが鉄道業の世界。ここからは、鉄道業界で勤務されている方々のお話である。

関西の私鉄で長く運転に携わってきた佐藤和弘さんは、子どもの頃から鉄道が好きで、一番憧れていたのは東京発九州行のブルートレイン。東海道を下って九州へ向かう東京発の寝台特急の多くは、関西圏では運転停車があるのみで客扱いは行われなかったが、そのため、関西在住のファンには縁の薄い存在となっていた。「大阪在住なので、東京－九州間の列車に触れる機会はほとんど無く、岡山駅のホームで初めて列車の姿を目にした時は、とても言葉では言い表せないほど感動しました。結局、乗車の夢が叶うことはありませんでしたが、憧れの列車であることに変わりはありませんでした」と、佐藤さんは当時を振り返る。学校を卒業したあとは「当面の収入の多寡については勘案せず、業務内容に興味が持てる鉄道会社に就職」したという。その結果、鉄道に興味が無い社員よりも業務内容に興味が持てる分、見聞が広まったと確信する一方で、会社の方向性や業務内容に対して矛盾を感じることもあったという。おそらくこのような悩みは、組織に属して働いたことがある人であれば誰もが感じる壁であるに違いないが、好きゆえに他人とは違うギャップとして感じてしまうことも多いだろう。

東京の私鉄で車掌業務に携わっているのはDENさんで、勤務中は車体から伝わってくる揺れ方で、トンネルの中であっても列車の現在位置が分かるようになってくるという。自身が感じている鉄道の魅力とは、「飛行機やバスとは違って、車内を自由に動けることでしょう。その意味では、サロンカーや食堂車などが連結されている列車が一番魅力的ということになりますが、このような車両が数を減らしているのは残念なことです」と自分が思い描いていた鉄道の世界とは変わってきていることを感じられている。

やはり鉄道会社に勤め、車両の仕事に長く携わっていたのは不銹鋼號さん。鉄道に興味を持ち始めたのは5歳の頃からであるといい「父が鉄道好きでその影響を受けました。就学前ですが、玉電の旧型車には乗降口と客室の床高さが異なっていて段差があったこと、小田急の駐留軍専用列車が通過したこと、西武の萩山付近を4輪単車が走っていたことなどを鮮明に覚えています」と、鉄道との馴れ初めを語ってくれた。そして、学校を卒業したあとは鉄道会社に就職して車両の製作などに携わるようになった。趣味の経験から他社の車両についても豊富な知識があり、様々な車両の長所を比較しながら自社の車両にフィードバックしてゆく。これはもちろん自身の頭の中で続けられる作業であり、5歳の頃から育まれた年季が物をいう人生となった。「好きこそ物の上手なれ」を地でゆくような話だ。

　けれども、実はこうした方々の経験からうかがえるのは、仕事と趣味の両立は、ことにその道のプロになってしまうと難しい、ということである。毎日忙しく働き、たまの休日には仕事を離れてリフレッシュしたい、それが趣味であると考えるようになるのは自然なことだ。普通に働いておられる方は、実は知らずと仕事とプライベートとを分け、さらになんらかの切替えの所作をやっているものである。タバコのブレンダーは、仕事でタバコを吸い続けるが、休憩時間には自身のタバコを一服して気分転換をするというし、鉄道模型雑誌の編集者は、休日に自身の模型を作って気分転換をするというが、これは時間の使い方であるとか、居場所が異なるからこそできることなのかもしれない。漫画家の水木しげる氏は、自宅の一室を仕事場としていたが、仕事を始める時は一度玄関から外に出て縁側から仕事部屋に入ったと言われているし、テレワークで在宅勤務が当たり前になったＳＥ氏は「会社のパソコンと自分のパソコンを使い分けることで、ＯＮとＯＦＦを切り替えている」という。新幹線のアテンダントは「制服に着替えると、しゃきっとする」と言い、また、これは鉄道の世界ではないけれども、『古寺巡礼』などの名作を数多く残したカメラマンの土門拳氏はシャッターを切る際に「えいっ」と掛け声を発することもあったのだとか。使用しているカメラは大型のもので、当然、堅牢な三脚とレリーズを使用しているから、掛け声をかけたくらいでは写真がブレることはない。ただ、その掛け声が仕事の中の折り目の一つとなっていたのだろうし、カメラマンの気合は一つの緊張ともなって、周囲にも伝わっていたことだろう。そういった時間や道具の使い立て、境界を設けることで、生き方にメリハリをつけることは大切なルーチンであるはずだ。

さて、両立は難しいと書きはしたものの、不銹鋼號さんが自身の鉄道好きを仕事に生かせたシーンは数多くあったといい「他社の知識があることにより、新車や改造を計画する時に参考になりました」と語る。今は仕事を離れ、鉄道旅行や模型作りを楽しんでいる不銹鋼號さんにも再就職の誘いがあったというが、これは断った。「時間が欲しい。子どもの頃から溜め続けた鉄道の本を、全て読み返してみたいから」というのがその理由。これはぜひ真似をしてみたい、素敵な生き方だと思う。

静岡県の伊豆急行に勤め、キンメ電車や全線ウォークの企画など、鉄道のみならず地域への旅客誘致に長く携わっている比企恒裕さんは「父がアマチュアカメラマンだったために、子どもの頃から写真&記録が趣味でした。中学生の頃、親しい仲間たちが鉄道好きであったので、話を合わせるように鉄道も被写体とするようになりました」と、鉄道趣味入門へのきっかけを語る。鉄道会社に就職してからは「鉄道ファンと向き合うようになり、客観的にこの趣味を見るようになってから、少々冷めるようになりました。それは今も継続中です」と現在の心境を語るが、今は撮影の主な対象に自社線を走る車両を選んでおり、これは仕事の上でも役に立っていることだろう。

今は旅行作家として活躍している野田隆さんは、大学院修了後、都立高校で教鞭を取った後にこれを早期退職して作家活動に入った。教職にある間は休日を利用して鉄道旅行に出かけることはもちろん、その時間が取れない時には「近場で楽しみを見つけたり、模型にハマったり、鉄道の出てくる映画やミステリー小説で気を紛らわし、鉄分を補給していました」と言う。これもいたずらに先を急がない堅実なスタイルとして、大いに参考になりそうだ。

趣味を仕事にできるかどうかは、最後は自分の生き方にかかっている。蓄えてきた知識はアドバンテージとなるが、仕事である以上は自分の願望を全て果たすことはできなくなり、そこには葛藤が生じることもある。時には鉄道の世界が嫌いになることもあるだろう。それでも良いのかどうか。覚悟は必要である。

ちなみに筆者自身も、もちろん鉄道が好きだからこの世界に入り、気がついたら鉄道に関する文章を書くようになっていた。書いた文章が批判されることもある。苦労して作り上げた本が評価されないこともある。そこに趣味的な喜びはない。ただ、自分が歩んできた道が間違いであったとは思っていない（もちろん、小さな後悔は無数にあるが）から、その一点は幸せだったと思っている。

鉄道雑誌制作者の趣味と仕事

それでは、鉄道趣味の世界では本丸とも言うべき、鉄道関係の出版社に勤める方や、制作に携わる方はどうだろうか。これは、当然ながら鉄道好きは多い。芝良二さんは自身の鉄道趣味のスタートを「6歳の頃だと思います。家から西武池袋線の電車が見えて、音によって車体の色が違うことに気づき、それが面白いと思うようになりました」と教えてくれた。これは多くの鉄道趣味人のケースと何も変わらない。「そこに線路があったから」である。それでも高校時代には一度この趣味から離れ、「鉄道以外のもの（とくに外国文

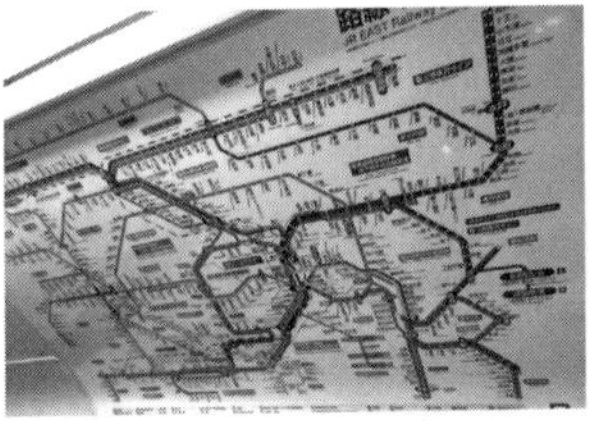

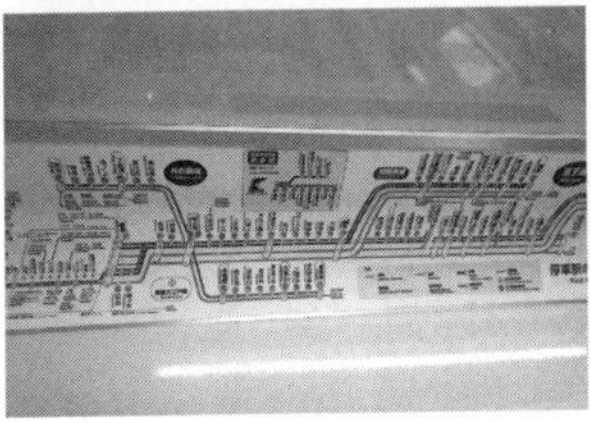

芝さんの通勤途上での気分転換の一つは路線図だという。車内が混んでいて車窓が見えにくいのが理由だが、カラフルでデザインの参考になることに加え「あったらいいなという列車を空想する」のだそうだ。

化）にも興味を持つようになって、自然と鉄道と接しなくなりました」という。実はこれも万国共通。視野が広がることによって、他の世界にも魅力のある対象が数多くある、と気がつくことになる。しかし、就職後はすでに専門的な知識を得ていたことが「企画や校正時などで役に立ちます。一般的な趣味論として、自分の世界を持てることで、仕事から離れられること。頭をリセットできるのがいいのではないでしょうか」と芝良二さん。自身が乗ってみたかった列車は戦前の特別急行「富士」であるといい、この夢も叶うことはないが、今も通勤の途上で、鉄道を気分転換に活用している。

　もう一人、芝さんとともに出版社に勤めるSさんは鉄道趣味を「私の人生そのもの」と語る。一

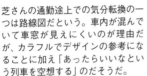

番忘れられないシーンは、国鉄最後の日。1987（昭和62）年3月31日限りで115年の歴史を誇った国有鉄道（国鉄）は姿を消し、翌日にはJRが発足することになった。国鉄最後の日である3月31日には各地でこれを記念するセレモニーが行われ、夜になるとセレモニー会場や、記念列車が発車する東京駅の熱気は最高潮に達した。それは一種異様な雰囲気と呼べるもので、多くのファンや、他ならぬ国鉄職員までもが、高揚感と不安の入り混じった複雑な気持ちで時を過ごしていたのである。「これから国鉄がどのように変化していくのか、一鉄道趣味人としては変化を傍観しつつ、鉄道についてゆくのみという、自分が何もできないむなしさと、将来への期待も抱いていたという、何とも言えない心境で過ごした」と、Sさんは当日を振り返る。あの日あの時に鉄道趣味に興じていた多くの人は、差こそあれ、似たような思いを抱き、それを30年以上が経過した現在でも熱く語れるほど記憶し、社会の中堅・幹部として仕事の原動力にしていることだろう。このように、趣味も生かせば生きる糧にできるのである。

これは余談になるが、私も鉄道雑誌編集者であったこの頃の強烈な体験を記しておきたい。当時の主要な鉄道雑誌は毎月21日を書店店頭の発売日としていて、それから逆算すると全ての印刷工程を終了させるのが13日となり、そのための原稿の作成は前月末が一応の締め切りだった。国鉄最後の日は報道しないわけにはいかないものの３月31日は締め切り日。そこで、４月１日に大急ぎで作業をして原稿を印刷所に渡すことになるのだが、今とは違いデジタル写真も無ければ、電子出版も無い時代である。31日に撮影された写真は翌朝にプロラボに持ち込んで現像を依頼し、地方の写真はそれぞれの地域在住だった人から未現像のフィルムを速達で編集部に送ってもらい、これもラボに持ち込む。現像が終わったフィルムの出来の良いカットを急いで選んでレイアウトし、それぞれの写真にキャプション（写真説明文）を書いていくという作業。原稿も全て原稿用紙に手書きで、ただただ気が急いたことをよく覚えている。写真撮影を依頼されたアマチュアカメラマンから編集者まで、全員全てが一度っきりの勝負で、絶対に失敗が許されないプロの厳しさ、スリルがあったが、今、振り返ってみると、こんな仕事ができたのは、編集者も投稿者もカメラマンも全員、鉄道が好きだから。その時の重大な出来事を記録として残しておきたいという使命感すら感じていた。だからできたのだ。やはり、鉄道が好きであるという共通の気持ちが、一番の原動力だったのである。

鉄道を撮る人たち多士済々～成功も失敗も…

編集者は主に机仕事で、実際に現地に行くことが多いのはカメラマンである。当然、鉄道好きがカメラマンになるケースも多いが、鉄道趣味の世界では全国に鉄道趣味人がいて、雑誌やSNS等に投稿されている常連ファンの方も多い。

鉄道雑誌の常連投稿者として活動を続けている杉崎健一さんは、主に首都圏を活躍の場としている。自身の記憶に初めて登場するのは「母親の背におぶられながら見た、三田通りを走る都電のヘッドライト」であったと言い、現在に至るまで、首都圏の鉄道を中心にして鉄道の撮影を続けている。その中でも一番の興味の対象であったのが、東京都電と旧型国電で、今ももしも乗れるのであれば、これらの車両にもう一度乗ってみたいと語る。杉崎さんのようにゆったりとしたペースで撮影を続けることは、趣味を長続きさせ、結果的にまとまった作品群を仕上げるコツの一つでもある。

主に関西圏で活動し、今もその作品が頻繁に雑誌のグラビアページを飾る岡本文彦さんは、自身の活動を「写真オンリー」と語る。そもそもの鉄道との出会いは小学校４年生の時に「伊賀上野駅に日立ポンパ号がやってくるというので見学に行った」ことだというから付き合いは長い。就職のあとも「近畿地方内の各路線はだいたい乗っていましたので、転勤先でもすぐその地に馴染めました」と言うから、「好きこそものの上手なれ」であり、「継続は力なり」である。鉄道趣味を持つ人は、時刻表などから地理感を体得しているせいか、色々と自分の足で赴いているせいか、総じて地域差に強い人が多いと感じる。

全国で撮影をしている岡本さんにも、もちろん失敗はあるといい、「あれは忘れもしない２０１３（平成25）年３月15日の、いわゆる紀勢貨物の運転最終日。私はまず鵜殿駅で、最終２０８８列車のけん引に備えて停車中のＤＤ51形８５２号機を完璧に撮っておこうと、三脚使用、ＩＳＯ１００、ｆ16まで絞り込み、ミラーアップという、贅を尽くした条件でスタンバイをしていました。そして、いよいよ２０８８列車発車後の撮影はどうなったかというと、「最終２０８８列車の写真は、ブレのないコキ１０７のサイドビューとなっています」…。これは撮影準備の最後の段階で、あと１回ミラーアップノブを回すのを忘れていたために起こったアクシデントだが、そのことに気づいた時には、列車はすでに理想のポイントを通過していたという悲しいストーリーだ。

実は鉄道写真撮影という作業は、細かいルーチンの積み重ねと、その一瞬によって成立するものという特徴があるが、こうした鉄道撮影時のミスはたくさんのエピソードを多くの人から聞く。いわく「フィルムの入れ忘れやカラ打ちなどザラ」（比企恒裕さん）、「飯田線まで撮影に行って、現地にカメラバッグを忘れたまま家に帰ってきた」（佐々木直樹さん、カメラバッグは見つかったとのこと）、「夜間撮影後に列車に乗り、財布が無いことに気づいて次の駅で下車。財布は回収できたが列車はすでになく、駅員さんに頼んで待合室で新聞紙にくるまって眠った」（青森恒憲さん）、「自動券売機を壊したことがある」（眞船直樹さん）、「撮影地に向かう車がスピンした」（嶋野崇文さん）など。回りの人の助けがあったからこそ、誰もが無事で済んだのだから、これを「勲章」と呼ぶことはできないけれども「教訓」ではあるだろう。

昔の撮影機材は大きく、重かった…。

筆者の撮影失敗例。走る列車に合わせたシャッターのタイミングを逸したのだが、今から振り返ってみると、失敗作にはその時の気持ちが思い起こされ、成功への糧にもなった。

佐々木直樹さんは、カメラバッグを置き忘れて以来、撮影機材の撤収の際には、指差喚呼を励行しているという。

かく言う筆者にもいくつかの痛恨のミスはあって、一番思い出深いのは、まだ中学生の頃、家族旅行から一人離れて向かった一畑電気鉄道の、川跡駅での数カットが写っていなかったことで、現像所から写真を引き上げたフィルムを見た時の「写っていなかったぞ。フィルムが空回りしていたのでは？　と、写真屋さんが言っていた」という父の言葉は今でも忘れない。あの失敗があったからこそ、あとになって少しは写真が上達したということよりも、写真は上達しなくて良いから、撮り損ねた写真を見てみたいと、これは今でもそう思う。もちろん、同時代の一畑電気鉄道の写真は雑誌にいくらでも載っているのだが、それと自分で撮った写真は思い出が込められている分、別物であって、写真を撮るというのはそういうことである。

プロのカメラマンはミスをするのだろうか。これも、実はある。プロの鉄道写真家として活躍されている松本洋一さんも、「失敗は数え切れないほどありますが、撮影現場での忘れ物が多いです。露出計、フィルター、レンズキャップなどなど…」と、正直に話してくれた。「小学生時代に、教室から毎日見ていた蒸気機関車のけん引する貨物列車」に憧れ、「当時は、まだ高い建物がなかったので、空高くまで上る機関車の煙がよく見え、またサイドから吹き出すスチームに力強さを感じていました」と言う。乗ってみたかった列車は大阪発、山陰本線経由博多行きの特急「まつかぜ」を全線。そんな思いが一つ一つ積み重ねられた思いが、今はプロのカメラマンという活動を支えてくれているわけだ。

好きだからといってその道のプロになれるとは限らず、プロになった途端にそれは趣味の対象ではなくなるものだが、好きになった以上は誇りに思って生きたい。鉄道に誇りを持つことの快さが、ここに挙げさせていただいたどの方の言葉にも息づいているように思える。そしてもう一つ、マイカーや模型などとは違って「公共物を愛でる」という特性ゆえ、「みんなのもの」という共通意識と、それに対する憧れや矜持を皆さんがお持ちであることである。これは、特筆しておきたいと思う。

コレクションの情熱

この他にも、鉄道趣味を楽しむ人には色々な方がいて、記念切符などのコレクションも王道である。例えば東京・目黒区のカレーショップ「ナイアガラ」の店内を埋め尽くす鉄道グッズの数々に圧倒されるが、これらはどこからかもらったものではなく、先代のマスターがそれこそ自ら足を棒にして集めたもの。時には徹夜に近い状態で即売会の行列に並ぶこともあったのだとか。

コレクションと言えば、本もそうだろう。鉄道趣味人が研究の基礎資料となる書籍を入手し、それを大切に保管することは当然のことであって、鉄道関連の書籍をコレクションの対象に数えていいのかは、判断が難しいようにも思える。いずれにしても、鉄道の本を

鉄道部品で埋め尽くされたナイアガラ店内

コレクションしていくと、どんどん溜ってゆくのは事実で、しかしまさか、これを処分するわけにはいかない。本の重みで家が傾いた人さえいる（金銭的ではなく、建物としての家が…）し、誰もが頭を痛める問題ではある。

時刻表研究のオーソリティとして知られている三宅俊彦さん。毎月発行される時刻表は1963（昭和38）年から欠かすことなく購入し、時にはマスコミから「時刻表の版元でさえ保存していない古い時刻表の提供」を求められることもあるのだとか。これもまさに「継続は力」の成せる業ではあるのだが、ご存知のように時刻表はなかなか分厚く、それを欠かさず集めるとなると専用スペースが必要だ。そこで三宅さんは自宅を改修した際に書庫を一室作った

時刻表ほか、多くの鉄道書に囲まれる三宅俊彦さん。もちろん、自宅である。

が、その際には「１㎡あたり１ｔの重量がかかっても大丈夫なように計算をした上で、工事を発注した」のだと言う。実はその直前、鉄道趣味人としても知られた某大学教授が、竣工したての書庫に喜び勇んで書籍を搬入したところ床面が傾いてしまい、スライド式の本棚が常に一方向に寄ってしまうという前例があったと言い、三宅さんはこの轍は踏まないように学習して取り組んだのである。三宅さんは「時刻表は１５０年前の明治５年発刊のものなどを古書店を探索しながら入手しています。それはもちろん資料としての価値を考えてのこと」というが、こうした個人の努力も、鉄道趣味というよりは鉄道文化そのものを支えているのだと思うのである。

鉄道は魔法

当章では鉄道趣味に携わる色々な方に登場していただき、その生き方を拝見させていただいた。総じて真摯であること、そこに鉄道が介在していることは、同じフィールドを趣味としている私としても誇りに思っている。

そんな多くの方の生き方を拝見すると、いかに鉄道の魅力は広く深いかが分かる。宇都宮照信さんのお言葉は、それを象徴していると思う。現在は門司港駅の近くに建つ九州鉄道記念館の副館長を務める宇都宮さんは、北九州で生まれ育ち、列車に乗務する夢を持ち、その結果、長年、食堂車の乗務員として勤務された方である。鉄道が好きゆえの仕事だったが、実際に携わると好きだけでは勤まらないことを思い知り、だからこそ頑張って勤めあげた。一方で趣味としても当然、鉄道が好き。1975（昭和50）年12月14日に運転された室蘭本線の２２５列車、けん引機はＣ57形１３５号機で、つまり国鉄の蒸気機関車が引く最後の旅客列車をどうしても撮影に行きたいが、九州からだと長期休暇を取らなければならない。そこで、辞表を書いてまで直談判した結果、会社が認めてくれたという武勇伝を持つ。

「私にとって鉄道は魔法のようなものです。きつくても、辛くても、嬉しくてもいつも列車を見ると気持ちが安らぎます。どこで見ても、どこで乗っても一緒です。九州鉄道記念館に来てからも、思いは同じです。列車に乗務した時代は懐かしいですが、今でも列車のそばに行くと、その時代に戻ることができます。やはり鉄道は魔法ですね」。

そう、鉄道趣味人にとって、鉄道とは魔法なのだ。辛い時でも、鉄道に親しむとすぐに楽しい生き方を取り戻すことができる素敵な魔法だ。九州鉄道記念館で副館長としての仕事を続けている宇都宮さんの仕事は多岐にわたり、毎朝に必ず2時間をかける展示車両の磨き出しから、深夜の展示模型の点検まで休まる暇がない。そのため、同館の保存車両はいつ行ってもピカピカで、現役車両より美しいとすら感じるほど。鉄道の魔法の力が成せる技であろう。

第3章

学習の場の鉄道趣味
～鉄道研究会の存在

筆者自身、生涯を通じて鉄道趣味を持ち、これまで、実に多くの同好の方々と知り合った。そうした皆さんの生き方を前章で述べたが、多くの人に共通しているのが、成長とともに興味も変わっていくということだ。せっかく鉄道に興味を持ったものの、鉄道以外の物にも興味を持ち、次第に鉄道趣味から離れてしまう人も多い。こうした変化は中学生以降に顕著で、思春期とも関係あるだろうし、成長とともに視野が広がり、鉄道とは別の世界に興味を見出す人もいるだろう。青春時代や思春期と呼ばれる時期にある人間は多感で、感受性に富み、様々な影響を受けるものである。

その一方で、その頃に鉄道を教育の手段として取り入れているのが、学校における「鉄道研究会」である。そもそも、中学校や高校では通常の授業の他にクラブ活動というカリキュラムが組まれており、生徒たちに多彩な視野、価値観を提供しているのは周知のとおりだが、この成長期にある人間には学問であれ、趣味であれ、確かな指導を受けることが望ましい。つまり、ここでは鉄道は趣味というよりは人格形成の手段でもあると言えるだろう。多くの高校、あるいは大学に鉄道研究部（会）が存在し、他のクラブに負けない活動をしている学校は今も多い。では、こうした活動において、鉄道はどのように活用されているのだろうか。

これについても、筆者が語るより当事者たちにご登場いただいたほうが確実である。当章では、高校の鉄道研究会については神奈川県立の高校で鉄道研究部の顧問を担当されている先生へのインタビュー、大学の鉄道研究会については、ＯＢの方の寄稿という形で、それぞれの活動事情を拝見しよう。

高校の鉄道研究部は今～神奈川県立高校の顧問に訊く

鉄道研究部を設置している学校は多く、部活動での出会いが、その人の趣味活動に大きな影響を与える例も少なくない。そのような中で、現代の部活動はかつてとは情報取得の手段が変わり、生徒の気質も変化していて、大きな様変わりを続けている。それでは、現代における高校の部活動がどのようになっているのか。神奈川県の県立高校で鉄道研究部の顧問を務めている鳩間康弘さんと長谷川卓也さんにお話をうかがった。

高校生の趣味活動も細分化が続く

――現代の高校生とは、どのような形で鉄道趣味を行っているのでしょうか。

鳩間 スマホが活動の中心になっていますね。そして趣味のジャンルが非常に多様化しています。同じ鉄道趣味でありながら、隣同士がまったく違うことをやっているという印象です。その結果として、今の生徒たちは昔と比べて共同作業が苦手になってきているのかなと感じます。鉄道に乗って旅に出る、写真を撮る、模型を作るという昔ながらの楽しみ方は続いていますが、そこから派生して音を録る生徒もいる、その音にしても、車両のモーター音が好きな生徒、インバータなどの制御器の音が好きな生徒、駅の案内放送が好きな生徒もいます。

――なるほど、細かく分かれているわけですね。

鳩間 模型にしても、細かくディテールを作り込む生徒もいれば、車両を集めるだけのコレクション派もいます。車両にしても買ってから一度も走らせず、鑑賞を主とするスタイルもあれば、壊れるまで走らせ続けるというのもあります。楽しみ方が実に様々で、それ

長谷川卓也さんと鳩間康弘さん

は最近の高校生のはっきりとした傾向と感じています。指導する立場としては、そのような状況にあっても、高校生という年代だからこそできること、今だけしかできないことをやってほしいとは感じ続けています。

――高校生だからといいますと？　大人になると時間が無くなるということでしょうか？

鳩間　時間が無くなるというのもありますし、社会に出ると、趣味のサークルに参加する機会が少なくなると思います。昔から活動しているサークルに「鉄道友の会」がありますけれど、主だったものはそれくらいで、そのサークルにも常時参加できるとは限らないと思います。そこからすれば、高校の部活は本人にやる気があれば、いくらでも積極的な活動ができますし、仲間との交流も容易です。そのような環境を生かしてほしい。同じ趣味の仲間が、それでは何をやっているのか。そのことにもっと興味を持ってほしいなと感じています。

長谷川　これは鉄道に限らず、社会全般について言えると思うのですが、流れてくる情報が多過ぎると感じています。情報量があまりにも多い。けれども一人の人間で対応できるものには限りがある。いきおい、趣味も細分化してしまうようになります。そのこと自体は悪いことではないのですが、先ほど鳩間が申しましたように、同じ趣味の仲間との交流が無くなってしまうのであれば、何のための部活、サークル活動なのか？　ということになってしまいます。

――確かに、今はシニア層と呼ばれるようになった年代の者にとって、趣味、習い事の入門の時期は、同じ趣味の仲間が多数いることや、趣味の先輩からの教えを得ることで、まだ自分の知らない世界への道筋が開けたものでした。現代の情報過多は多くの人が指摘しているとおりで、その結果として個人の「タコ壺化」が進んでいるという指摘もあります。「タコ壺」とは、すなわち、一人の人間が自分の居心地の良い場所に籠ってしまい、外に出ていかない、他人との交流を求めないような行動を指すのですが、同様の事象は、高校生の部活においても現れているということなのでしょうね。

鳩間　幸い、私たちが勤める神奈川県には、高校間の交流のイベントが設けられていま
す。それを全国規模に広げることができたなら、今の状況をより良い方向に進めてゆくこ
とができる契機となるはずです。様々な催しを積極的に行えるのが学校という組織である
と考えます。それは信用と知名度が備わっているためです。これが任意の名前がつけられ
た趣味のサークルでは、そうはいきません。

――**趣味の催しというと、どのようなものが考えられますか？**

鳩間　例えば車両基地の見学会があります。数名のメンバーによるサークルでこれを申し
込んだとしても、実現には時間がかかるでしょう。学校の部活であっても、人数が少なけ
れば実現は難しいのではないかと思いますが、複数の学校で連絡を取り合って、ある程度
の数での見学を申し込めば、実現する可能性が高まります。今は車庫の見学会を例に挙げ
ましたけれど、どのような催しであれ、人数を集めることで実現の可能性が高まることで
しょうし、一般企業ではできない横の繋がりを学校という組織は、比較的容易に作ること
ができるのです。だからこそ、全国規模での横の繋がりが出来あがってほしいし、生徒た
ちには、高校の部活でしかできないことに取り組んでほしいと考えるわけです。

長谷川　相手が大きな組織であるほど、見学会などを受け入れていただくのが難しくなる

ように感じますね。だからこそ、全国の高校が繋がりを持ってほしいと思います。

秋のイベントを目標に活動を展開

――現在の鉄道研究会は、一年間にどのような活動を行っているのでしょうか？

長谷川　神奈川県の例では、まず高文連、すなわち高等学校文化連盟という組織があり、これは文科系の部活で学校間の繋がりを作るべく設けられたもので、現在は美術・工芸、吹奏楽、書道など26の専門部会があり、鉄道研究もその一つです。この組織と連携しながら、年間の活動を進めています。鉄道研究では、まず4月に撮影会が企画されています。

――それは、どのあたりに撮影に出かけるのですか？

鳩間　最近の例で言えば、伊豆箱根鉄道の大雄山線に出かけました。この時に撮影された作品は、同線で運転された「写真展電車」で車内に掲出されています。

長谷川　この時は一か月の間、一編成を専用の電車として、車内の広告を全て外し、生徒たちが撮影した大雄山線の写真が掲出されました。

――そういうはっきりとした成果があれば、生徒さんたちにも励みになりますね。

鳩間　秋には「総合文化祭（総文祭）」と呼ばれる行事があり、県内の施設をお借りして、この日に吹奏楽であれば演奏、美術や書道であれば作品の発表、鉄道研究であれば研究の発表が行われます。このイベントが一つの目標となっており、これに備えて年3回の定例会を開いて打ち合わせを行い、そこでの決定事項を各校に持ち帰って、活動を進めていきます。

長谷川　夏休みにも撮影会を行います。これは春の撮影会よりも、少し遠くまで行くこともあります。前々回は中央本線の鳥沢鉄橋に行き、今年はコロナ禍がありましたから遠出はできなかったので、箱根登山鉄道に行きました。

――楽しい路線ですよね。

鳩間　あまりマニアックな所に行ってしまうと、運転本数が少なくて、一日に数カットしか撮れないということになってしまいますから、誰もが知っているような路線であっても、まず運転本数が確保されている路線に出かけます。神奈川県内であれば、江ノ電なども撮影会向きの路線と言えますね。

――一方、模型を作る生徒さんは、どのような活動をされるのでしょうか？

鳩間　これも総文祭での発表が目標となりますね。「ジオラマコンテスト」や「車両コンテスト」が開催され、ここが作品の発表の場となります。

――先ほど、研究の対象が細分化しているという現状をお教えいただきましたが、そういうジャンルを研究している生徒さんは、どのように研究成果を発表しているのでしょうか？　一人でコツコツと続けるのか、成果の発表には興味を示さないものなのか。

鳩間　これも「総文祭」が発表の場となります。電車の音を録音するのが好きな生徒が「鉄道の音の魅力」について発表した例もあります。コンテストには「自由研究」というカテゴリーも設けられていますから、これは鉄道関連のテーマであれば何でもＯＫです。

長谷川　駅を発車した電車と競争して、どこまで勝負ができるかを発表した生徒もいました（笑）。

――凄いですね。交通事故が起こらない場所でやらないと。

鳩間　勝負ができるのは１００ｍくらいの間であるようです。

長谷川　パソコンソフトの「エクセル」で、電車の絵の描き方について発表した生徒もいました。

鳩間　最近は真面目な発表が多いのですが、数年に一度、そういう突拍子もないといいますか、皆が笑えるような発表をする生徒がいますね。そんな自由な研究を楽しめるのが、私たちの部活であり、1年の研究の集大成を発表するのが「総文祭」という流れになっています。

先生まで「撮り鉄」と呼ばれたことも

――ご自身も鉄道はお好きでおられますよね？

鳩間　そうですね。あまり過激ではないと思いますが、鉄道は好きです。

長谷川　私は顧問になってからカメラを買いました。まだあまり上手いとは思っていませんが、昔よりは上達したと思います。線路端に立っていると、通りかかった生徒たちから「あ、撮り鉄だ」と(笑)。いや、こちらも撮影の間は真剣です。マナーは守って。

鳩間　最近は部誌、つまり、部で発行する雑誌に力を入れている学校が多いようですね。

それから最近はＳＮＳでの発表をしている学校もあります。

――ＳＮＳとの付き合い方は難しいでしょうか？

長谷川　難しいです。ですから、あまり細かいことはできません。

鳩間　「文化祭をやるので来てね」などの問いかけをする程度ですね。ですから車両基地の見学会に出かけても「内部の写真はＳＮＳには発表しないでください」ということは訪問先の方から言われています。

――心情的には発表したくなりますよね。それも高校生くらいであれば、発表してしまう誘惑に駆られると思います。私だって、もうシニアですが、出したい気持ちになるもの（笑）。そういう経験を重ねてゆくのも勉強ですね。

鳩間　先ほどの「問いかけ」ということであれば、私たちが撮影会などで遠出した時に、その地方の高校に「よろしければ、一緒にいかがですか？」と声をかけさせていただいています。タイミングが合えば、参加していただけることもあり、これは生徒間の交流に役立っています。

――それは私たちの高校時代には考えられないことでした。やはりそれも時代性の反映なのでしょうね。

長谷川　それをきっかけとして部誌の交換が始まることもあります。それから「総文祭」でも一連の発表が終わったあとには交歓会の時間が設けられていますから、ここでも相互交流が行われます。

――まず自分の好きな形式を述べることから自己紹介が始まる？

鳩間　いや、まず自分が「何鉄」であるかの紹介から始まるようです。

能動的な生徒の方が速く成長する

――高校生活3年間のうちに、生徒さんはどのように成長していくとお考えですか？

鳩間　この「総文祭」にしても、一年目はただ出るだけとなるケースが多いですね。そこで刺激を受けて、良い作品の作り方や、良い発表方法に気が付く。去年より今年、今年より来年という形で生徒が成長するパターンをよく見かけます。こういう勉強はアウトプットもすごく大切で、良いアウトプットをするには、良いインプットが必要で、それには量と質の両方が求められます。やはり、何かをするために行動した生徒の方が、早く、大きく成長すると感じています。「総文祭」で何も発表しないとしても、自分の意志で会場を訪れた生徒の方が、大きく成長しますね。

――鉄道研究にも立派な学びの場があるわけですね。

鳩間　部活には色々なものがあります。体育会系のものもあれば、鉄道研究のように、文科系のものもある。その文科系のものにも色々なジャンルがあって、どこにも行く場所がないけれど、旅行にも興味があるから鉄道研究部に入ってくるという生徒もいます。それでも、部活動を通じて様々な知識を学べれば、それは一人で家に帰ってゲームをするよりも、人生のプラスになることが色々と見つかるはずなのです。私たち顧問はその場を提供する。あとは生徒各自がそこで何と出会うかということになりますね。

長谷川　体育会系の部活動であれば、競技に勝つという明確な目標があります。それが仮にバドミントンであったとすれば、シングルスとダブルスという試合方式の違いはあってもトレーニングの内容は変わらないものとなります。あるいは文科系の活動であっても、例えば吹奏楽であれば、演奏会で完成度の高い演奏をするのが共通の目標となります。けれども、鉄道研究にはそのような共通の目標を設定することが難しいという一面があります。最初にお話ししたように、現代は情報過多の時代であり、それによって個人個人が自分の世界に入ってしまう傾向がある。それでも鉄道研究とは創造的な活動であり、研究の方法も無限であるわけです。私たち顧問はそのことをプラスに考え、環境づくりをしていかなければならない。生徒にとっても、研究課題は無数にあり、方法論、手段も非常に多岐にわたっている。それが昔と今の一番の違いです。生徒たちにはこの環境を活かして、自身の研究を深めていってほしいと思います。

大学鉄研と私（昭和の大学鉄研の記憶）

佐藤利生（慶應義塾大学鉄道研究会ＯＢ）

男の子は誰しも、幼少期には汽車、電車が好きになるもので、線路際で飽かず行き交う電車を眺めていたり、プラレールを部屋いっぱいに敷設したりの経験はお持ちであろう。そんな男の子も、いつしか興味の対象はスーパーカーや恐竜、野球やサッカー、ゲームなどへと移り、「鉄道」を卒業するのが通例であるものだが、中にはいくつになっても「鉄道離れ」ができないまま高校、大学と進学し社会人になる筋金入りがいるものである。

そんな筋金入りの一人である私が、今から40数年前の当時、浪人をして目指したのは早稲田、慶應義塾、一橋といった受験の難関校であった。厳しい受験を終えてふたを開けると早稲田1学部、慶應2学部に合格し、国立は不合格であった。この時、第一志望の国立に落ちても何故か嬉しかったのは、名門鉄研を有する早慶に上手く合格できたからであった。さて、どちらの学校にしようかと考えたのだが、合格した学部はどちらも社会科学系、ならば入りたい鉄研はどちらにあるかということで考えた。自分の鉄道趣味に関しては、プラレール、ＨＯゲージの模型製作から電車好きになり、身近な私鉄や国鉄の電車が大好きであった。当時、誠文堂新光社刊『私鉄ガイドブック・シリーズ』は、全て慶應鉄研が制作を担当しており、いつも座右に置いてボロボロになるまで読み込んでいたし、同社刊『国鉄電車ガイドブック・シリーズ』の著者、浅原信彦さんも慶應鉄研のＯＢであると知っていたから、学校は慶應義塾のほうを選んだ。また、合格した経済学部と商学部、どちらを専攻しようかと考えた時、経済学部に決めた。文科系学部で「鉄道趣味」に関する分野を専攻しようと思うと、商学部に交通論（交通経済学）のゼミはいくつかあったのだが、商学部は進級が厳しいとの評判があり、学業で苦しむ？　よりも大学生ライフを学業と趣味活動をバランスよく送りたいがために、留年リスクの少ないと言われていた経済学部を選んだのであった。大学で「鉄道」に関する学問を専攻しようとするなら、文科系なら交通経済系のほかに歴史地理学など、理工系なら電気を専攻してＶＶＶＦインバータ制御、機械を専攻して台車設計や車体設計の道を究めるという方法もある。また、他の大学ではあるが、旅行業界や鉄道業界に強い観光学部という学部を持つ学校もある。

さて、晴れて入学を果たすと、春のキャンパスは学内のスポーツ系、文科系の各種団体（○○部や○○研究会、○○サークルなど）がキャンパスの通路などに机を並べ、新入生の勧誘を行っており、さながら学園祭のような賑わいである。せっかく名門大学に入ったのだから、もう少し大学生らしいサークルにも入ってみようかと思い、勧誘されて社交ダンス部や英語会（ＥＳＳ）にも顔を出したが、結局地味に同好の士を勧誘していた鉄道研究会に入ることに決め、入会を申し込んだ。

このようにして集まった1年生の新入部員は、最初20名ほどはいただろうか。私のようにガイドブックの編集や出版活動に携わりたいと入部したバリバリの鉄ちゃんばかりと思いきや、ただみんなと旅行がしたい、鉄道をネタに集まりお酒が飲みたいというライトな動機で集まった者も多く、中には麻雀のメンツ集めを主目的に入ってきて、鉄道のことなどほとんど知らない（興味もない？）者もいた。また、大学に入っても、鉄道趣味に関しては集団で行動するよりも自分だけで好きなことを深く追究したいというタイプの一匹狼的鉄ちゃんは、団体行動が基本の鉄研には入ってこない。このように、「鉄道好き」という緩い関係で集まる当時の鉄研は完全な男社会であり、内部の雰囲気はいわゆるバンカラで、酒の席での先輩の指示は絶対という、やや体育会的なところがあった。

春の新歓行事

5月頃になると、新たに入会した新入生を迎える各種新歓行事が始まる。早稲田や慶應などの六大学では、ちょうどその頃に春の六大学野球があり、その応援と反省会？が親睦を図る良い機会となる。もう時効であるが、当時はどこでも1年生から酒席は当たり前であり、先輩方と酒を酌み交わすことで社会生活に必要な上下関係や最低限のマナーを仕込まれたものだ。新入生の中には、初めて慣れないお酒を飲み前後不覚になり、同級生や先輩に両脇を支えられたり、手足を４人で持ちあげられたりして運ばれ家や寮まで送り届けられる者もおり、そのような時は「○○は昨日無動力回送された」と言われた。

当時の新入生歓迎合宿は、毎年比較的近場の関東近県で１泊するのが通例であった。新歓行事では、毎年三田に通う４年生が１名、新入生に扮して紛れ込むのが伝統となっており、この新歓合宿の場で夜の宴席が進んだ頃、同じ新入生仲間だと思っていた一人が突然実は４年生だとカミングアウトし、２年生、３年生から「お前ら、先輩に対して僭越だぞ！」と恫喝？　されるのが通例であった。これにより、１年生は何が起こったのか一瞬あっけにとられ、先輩方は大笑いということで、親睦がさらに深まるわけだが、中には１年生に扮した４年生を本当に生涯の親友だと信じていて、そのあと人間不信に陥る新入生もいた。社会は厳しい？　ということも教えてくれた。

鉄研には、幅広い鉄道趣味の対象をカバーすべく、日頃の活動は主にパート別に行動しており、当時は旅行、写真、模型のほか、鉄道経営や制度全般などを研究対象とする一般という４パートがあったと思う。私たちが入部後に、他の分野でもパート制を採ってグループで研究を深めたいという要望があり、車両・運転や切符を専門に研究するパート、鉱山や工場などの専用線や森林鉄道、廃線跡などを研究する専用線・ナローのチームなどが新たに誕生した。

部室（日常の活動など）

当鉄研の場合、部室は全学部1、2年生が通う日吉、文系3、4年生の三田のほか、理工学部鉄研として日吉から谷をひとつ越えた矢上の3か所にあった。私が在籍の頃は四谷にある医学部の会員も1名いたが、医学部鉄研は非常に稀で四谷には部室はなかった。そのあと、湘南藤沢にも新設学部を集めたSFCというキャンパスができて、そこにも部室ができたそうである。大学は授業が選択制であるため、1時間半の授業と次の授業の間が空いてしまう場合がある。こういう場合、部室はその間の時間つぶしのたまり場となり、趣味の情報交換や次の旅行の相談などをしたり、部室に常備の部内誌や先輩の撮影したアルバムなどを見たりしながら他愛の無い話題で盛り上がった。大好きな鉄道ネタであまり話に熱中しすぎて次の授業に出そこなう時もあり、麻雀の面子が4人揃って授業を放棄して雀荘へ繰り出してしまう者たちもいた。

鉄研としての例会は、月に1回ほど三田で教室を貸し切って夕方開かれ、会の全体運営に関することや合宿、学園祭等の行事、各研究パートの活動報告などが行われた。私が在籍した昭和の終わり頃には会員が100名を超え、学生は夕方もゼミやバイトなどがあるため、全体を一堂に集めるのは結構大変であった。私が鉄研活動としてメインで活動したのは、車両や運転を研究？　する車両・運転パートで、車両メーカーや電車区などを訪問して純粋に車両の勉強をすることもあったが、日常活動の中心は今で言う「撮り鉄」であった。当時は、大学鉄研のような団体でも、国鉄の局報（臨時列車等の運転を現場へ通達する業務用の日報）が定期購読できたので、会の費用でこれを取り寄せて、新製車の試運転や廃車回送、団体臨時列車などをよく撮影に出かけた。地方で国体や植樹祭がとり行われ、お召し列車の運転があると、授業そっちのけで1台の車に４人乗り、交代で運転しながら山陰や東北などへ遠征に出かけた。ネットの情報など皆無であった昭和の時代は、鉄研に所属することでメンバーや鉄道業界など、様々なソースから貴重な情報が得られ趣味活動を行う上でも大変有益であった。

鉄研と女性会員

当時の鉄道趣味は、女性にはほとんど見向きもされない時代で、鉄子などという言葉も無かった。当然、我が鉄研も創設以来約50年間、１名の女性部員もいなかった。ところが、私が入った2年後に、初めて女性の入会希望者が2名現れた。当時、もし女性で鉄道に興味があり、入会してみたいと思っても、男子ばかりのバンカラサークルに一人で入会するのは相当な勇気が要ったと思うのだが、２人は付属の女子高の同級生で、「2人一緒なら」ということで門戸を叩いてくれたのである。ＯＢの大先輩方からは「鉄研始まって以来だ！」と大変驚かれた。何かにつけて飲んでいた酒の席も、女性が来ることで多少？は上品になったようであった。私の卒業後、平成の時代となり女性の鉄道趣味がだんだん一般的になってくると、女性部員もチラホラと入会するようになり、2010（平成22）年には、ついに鉄研の代表を務める女性も出現、この時は「美しすぎる大学鉄研代表」として、週刊誌にも取り上げられた。ちなみに初代女性会員の一人は、卒業後にめでたく鉄研の一年後輩と結ばれ、鉄研夫婦の第1号として、今も仲良くOB会行事などに参加している。

夏合宿

さて、7月も中旬になると、前期の学業にもひと区切りがつき、大学は比較的長い夏休みとなる。この時季には多くの学生団体で夏合宿が行われる。春の新歓合宿とは異なり、夏合宿と3月の4年生追い出し合宿は比較的遠方で行うのが通例で、特に夏は大抵北海道、九州、四国などが合宿先となった。他の団体では、都内などから貸切バスや列車で団体行動をとって合宿先へ向かうのが一般的であるが、鉄研の合宿で面白いのは目的地となる合宿先の宿と、初日の集合時刻だけが決まっていて、行き帰りは全員自由行動となっていることである。この理由は、合宿先が遠方であるという理由のほかに、各自途中で趣味活動をしながら合宿先へ向かうため、乗り潰しを行いながら向かう者、途中の鉄道で写真を撮影しながら向かう者、入場券や車内補充券を買い漁りながら向かう者等、移動手段そのものが会員各自の様々な鉄道趣味の目的でもあるため、行動パターンが多岐にわたり、全く団体行動の統制が取れないためである。当時は皆20日有効のワイド周遊券を購入したもので、合宿先が北海道や九州でも航空機利用者は誰もいなかった。

夏合宿の中日の昼間は、地元の鉄道会社へお願いして車両基地や工場などを見学させていただいたり、グループで写真撮影や小旅行に出かけたりと団体行動をとり、夜は先輩、後輩がひざを交えて11月の三田祭に向けての出展内容の打ち合わせを行ったり、鉄研の将来について話し合ったりして、有意義な楽しい時間を過ごした。そして合宿の最終日は、打ち上げということで皆大酒を飲んで盛り上がり、時には宿から苦情をいただくこともあった。当然翌日は皆酔いつぶれ、午前中は旅行再開どころではなかった。多くのメンバーが朝食やチェックアウト時間ギリギリになってようやく目を覚ますと、そんな朝でもきちんと布団をたたんで誰も気づかぬうちに宿を出て、乗り潰しのために一人始発で後半の旅に出ていくメンバーもいた。

三田祭（学園祭）

長い夏休みが終わり、後期の授業が始まって秋も深まってくると、いよいよ大学最大のイベントである三田祭（学園祭）のシーズンとなる。スポーツ系サークルなどは、模擬店を出したり、他の女子大と共同でイベントを行ったりと華やかであるが、我々鉄研は日頃の活動の成果の発表の場であり、教室中央のHOレイアウト（その後Nになった）を囲み、各研究パートに分かれ写真や研究成果の展示、それらを集大成した機関誌の発行などを行った。周囲の教室（会場）では、飲食などの模擬店やアトラクションが多く、若い女の子たちで賑わっていたが、鉄研のブースは明らかに客層が異なり、ここだけがやや異質な空間であった。

出版（対外）活動

当時の慶應鉄研では、OBと共同で交友社から『私鉄電車のアルバム』をシリーズで刊行しており、出版や執筆活動に関心のある現役、OB有志が集まって制作を行っていた。車庫に対象車両の撮影に行くのは、主にフットワークの軽い現役生が担当し、過去の古い車両の写真提供や解説執筆は、それぞれの年代のOBが担当していた。この出版内容を見て、別の出版社から単発の企画物の執筆依頼などもあり、会の会議で正式に受けることが決定すると、会員の中から希望者を募り担当を決めて取材や執筆に当たった。私の在籍時代には無かったが、平成に入り、鉄道趣味がより一般的なものとなってくると、「大学鉄研対決、鉄道クイズ」など、テレビ出演のオファーも舞い込んでくるようになった。

年度末の行事

年が明けて後期試験が終わると、大学は2月中旬から長い春休みに入る。学校の1年が終わりに近づくと、４年生は社会へと出てゆき、1〜3年生も進級して新しい体制となる（中には失敗して残留する者もいるが）。毎年この時期は、次年度に向けての活動計画の策定と、新しい会の代表や副代表、各パートの長など役員を選ぶ大事な節目となる。単なる趣味の会と言っても、そこは大学の団体であり、信頼がおけて強いリーダーシップを発揮できる人材が次期幹部に選ばれる。１００人からの組織を代表やキャンパスごとに複数いる副代表、パートの長などとしてまとめ上げることは、卒業後の社会人生活にとっても少なからず役に立つものである。また、年度末の行事と言えば4年生の卒業を祝う「追い出し行事」があり、合宿とコンパが開催される。

鉄研三田会（ＯＢ会）との深いつながり

慶應義塾大学には、卒業生が集まるＯＢ組織として「三田会」という組織があり、学部、地域、業界など様々な種類の三田会が存在する。通常、大学サークルとそのＯＢとのつながりは、現役生と直接の面識がある卒業後数年程度であり、また世代の大きく離れたＯＢ同士の交流は、それほど密ではない場合が多い。ところが、慶應鉄研のＯＢ組織である鉄研三田会では、同じ趣味を共有する同窓生ということで、世代を超えた密な交流が長く続いている。これも大学鉄研の大きな特徴と言えるものである。卒業後の鉄研三田会への入会は任意であるが、私の在籍していた昭和の終わり頃でも、ＯＢ会員の総人数は３００名を超え、１９８４（昭和59）年の創立50周年を機にＯＢも含めた会員名簿の整備や、貸切り列車運転会、写真展、懇親会など各種の現役、ＯＢ共同の行事を行ってきた関係で、現役学生とＯＢのかかわりは大変深くなった。卒業生の中には鉄道関係に就職する者も少なくなく、鉄道事業者と車両、電機メーカー、それらの同業他社同士という関係となり、鉄道趣味を越えて鉄道業界の交流に発展する場合もある。鉄研三田会の会合は、年一回の総会の他、毎月一回と頻度が高く、月例会はＯＢが所有、経営するビルやお店で開催される。この中に現役のＯＢ担当も出席するので、現役学生と歳の離れたＯＢとの関係は、他の部やサークルよりも密である。またＯＢ会は、活動の一環として鉄道施設の見学会や、海外も含めた旅行会、鉄道関係の出版活動などを継続的に行っており、またＯＢ個人でも出版や執筆活動を継続的に行っている者は多く、ＯＢ会を通じて広く執筆者や協力者を集めており、年代を超えたＯＢ同士や時には現役会員も参加しての各種出版活動が行われている。

業界へ入るには

大学卒業後の進路は、大手銀行や商社、メーカーなどの企業へ就職を目指すのが一般的であったが、鉄研の在籍者で卒業後も鉄道関係を職業にしようと志す者は、業界に就職したての若い先輩ＯＢだけでなく、管理職や経営的業務に就かれている鉄研三田会の大先輩方にも、単なる学生とリクルーターの関係を越えて相談することができ、率直なアドバイスを頂戴できることが、大きな強みであった。通常、３年生となりある業界への就職を目指そうとする者は、志望先会社指定のリクルーターやゼミの先輩などを頼ってＯＢ訪問をするものだが、どうしても直に就職活動となってしまう面があり、なかなか本音を語り合うことまではできないものだが、我々の関係では、鉄道趣味に凝り固まり鉄道業界人として本当に向かないと思えば、他業種への就職を奨められる場合もあり、どうしても入りたいとなれば、自社の人事へアピールするコツも教えていただいたりもしたもので、こういう関係は一般の就活ではなかなかできないので、大変ありがたく思ったものである。鉄研三田会会員の業界へのすそ野は広く、国鉄（のちのＪＲ）、大手私鉄、まだまだ元気だった中規模の地方私鉄のほか、これらの鉄道会社の管理職や経営層を経験されて出向し、系列の中小私鉄や貨物鉄道会社などの社長、役員などに就任される方、母校商学部交通論の教授（のちに学部長も）、車両メーカー、車両機器メーカー、鉄道趣味誌編集者、鉄道模型店の経営者、旅の文筆家など、現在も幅広い分野にOBがいる。もちろん、鉄道関係の業界人となるOBは全体の比率から見ると僅かで、大抵は一般企業に就職されてカタギの世界に入るもので、中には大手都銀の頭取や大手国内自動車メーカーの重役を務められたOB、母校慶應義塾で教鞭をとられるOBもおられた。

鉄研の卒業生が鉄道業界に入ると、重鎮の先輩OBの方々が「○○鉄道に入ったのは彼が初めてだ」とか、「□□車両製造に入ったのはこれで3人目だ」といって、大変喜んでもらえる。これは何も、鉄道好きな会員が業界に奉職したことを単純に祝うだけではない。これによって、社員となった会員をつてとして、その会社の車庫や工場を見学したり、特別な車両を貸切り鉄研の団体列車を運転したりするのに大変都合がいいからなのである。

かく言う私自身も、卒業後は関東の某大手私鉄に就職が決まったのであるが、入社3年目には早速OB会、現役多数がお客様になっていただき（押しかけて来て？）当時の旧形電車を鉄研で貸切り、通常はもう走行しなくなった都心部や支線へ乗り入れて一日楽しんで帰られた。また、この他にも系列の地方私鉄の工場見学など、色々と便宜を図ったものである。受け入れる鉄道側も、相手が大学鉄研のメンバーであるということで、信用があると認識されたのか、ずいぶんと待遇が良かったような気がする。鉄研側も貸切り列車の運賃、料金だけでなくその鉄道が運営する飲食施設で打ち上げの懇親会をやったり、鉄道グッズをたくさん購入したりして、Ｗｉｎ－Ｗｉｎの関係を築くことができた。最近では、どこの会社もコンプ

夏休みの合宿に集まった時のひとコマ。
1983（昭和58）年8月

鉄研時代に編集・発行した思い出の書籍。

ライアンスがうるさく？　なり、あまり個人的な繋がりで特定の団体に便宜を図ることがやりにくくなり、また保安装置や習熟の関係なのか、特定の車両を希望する路線やダイヤで運転することが難しくなっているように感じる。

以上、大変雑ぱくで、当時の記憶もやや曖昧ではあるが、大学鉄研に籍を置き、卒業後もどっぷりと業界に漬かった一人の鉄チャンとして、楽しく過ごした昭和の鉄研ライフの一端をご紹介した。新入生から酒盛りに参加していたという話はもう時効であり、もちろん現在はそのようなことは無く、現役生は当時より規律あるしっかりした活動をしていると聞く。大学鉄研在籍の何よりの財産は、手元に残った多くの写真やグッズではなく、多くの仲間たちとの楽しい思い出や、卒業後20年、30年経っても続く同級生や先輩方、後輩たちとの深い繋がりにあることは言うまでもない。

関西大学鉄研の活動について

岡本文彦（関西大学鉄道研究会ＯＢ）

私が鉄道趣味にのめり込んでいったのは、大学で鉄道研究会に入会してからのことでした。もちろんのめり込むために入ったのですから当然なのですが。

それ以前の私の鉄道趣味活動はと言いますと、まず小学校高学年で地元関西本線のＤ51に魅せられて以来、週末には加太、柘植、大河原など沿線に繰り出し、下庄までＣ57を撮りに行ったりもしました。家にあった「オリンパスペンＥＥ」というハーフサイズのカメラを持ち出して撮影していましたが、やはり画質に不満が出てきて、小６の年末に「ミノルタＳＲ−Ｔ１０１」を買ってもらい、関西本線の蒸機廃止のラスト９か月は憧れの一眼レフでの記録が残せています。

関西本線の蒸機廃止以降は、中学、高校と運動系のクラブ活動に没頭していたので、同級生らとたまに撮影に行ったくらいで、大した活動はしていませんでした。

そのあと１９７９（昭和54）年４月、晴れて大学生になった私は、キャンパス内で行われていたガイダンスで鉄道研究会の存在を知り、即日入会を果たしています。そこから私の鉄道キャンパスライフが始まってしまいます。当時はまだ「撮り鉄」とか「乗り鉄」とかの言葉はありませんでしたが、やはり写真班、乗り潰し班、研究班などに分かれていたようです。ただし日頃は皆で、借上げしていた第６会議室や生協食堂の一角で、和気藹々と鉄道談義をしていました。ただ、当時は男性会員のみでしたので、周りからは暗く異様な集団とみられていたようです。それでも何回か女子大生との合コンも手配していただき、楽しいひと時も過ごしています。鉄研メンバーは、凡人では知り得ない地方の駅名なんかを知っているので、地方出身の女子とは盛り上がる傾向にありましたね。

鉄道研究会には凄い先輩たちが大勢おられたので、車両や路線についてのうんちくはもとより、ワイド周遊券利用での旅行の仕方から俯瞰撮影に至るまで、様々なことを学ばせていただきました。

私は写真の方をメインとしていましたので、一回生の時は先輩の撮影行にご一緒させてもらっていました。中でも大学入学間もない５月の大型連休に、引退まで一年を切った紀勢東線のＤＦ50を求めての撮影行は、深く印象に残っています。紀伊長島駅から荷坂峠の途中にある名倉川橋梁まで歩き、更にその橋梁を見下ろす山に登るという、今ではとても考えられないことをやっていました。この時までカラーフィルムはネガカラーを使っていましたが、先輩に指摘され、それ以降はＫＲにした経緯があります。紀勢東線へはそのあとも訪れるようになり、近年運転を終えたＤＤ51による紀勢貨物の撮影に足繁く通うようになったきっかけでもあります。

鉄道写真を長く撮っていると、やはり発表の場が欲しくなるもので、私は『レールガイ』誌やキネマ旬報社の『蒸気機関車』誌などへ投稿を始めました（いずれもほどなく廃刊となってしまいましたが）。また、鉄道雑誌の中に、老舗的な『鉄道ピクトリアル』があります。今でこそ巻末に写真募集のお知らせ欄がありますが、当時はそれがありませんでした。しかし、2学年上の先輩である下嶋一浩氏が『鉄道ピクトリアル』の編集に携わっていた方と知り合いとなっていたことから、鉄研メンバーに今後の特集テーマを知らせてくれていました。1983（昭和58）年くらいからだったと思います。メンバーはこぞって手持ちの写真を掘り出してきたり、新たに撮影を開始したりと切磋琢磨しました。私的には、1983（昭和58）年12月号『大阪市地下鉄50年』において、表紙やトップページなどに多数枚掲載していただいたのが大変印象に残っています。これらに掲載された時の喜びが、今まで撮影を続けられている原動力となっているのは確かです。また、今現在でも当時のメンバーとはLINEでやりとりをしたり、「第6かいぎしつ」という団体名で、たまに鉄道趣味誌へのレポート的な投稿も行っています。また、私自身もFacebookで友達にさせていただいており、こういう繋がりも、鉄道趣味の醍醐味だなあとしみじみ感じます。

のどかな時代だった関西大学鉄道研究会でのひとコマ。

以上が、高校と大学の鉄道研究会である。高校も大学もたくさんあるから、これが全てとは言えないが、その活動状況はお分かりいただけたのではないかと思う。

少子化が進んでいる昨今である。学生数の減少も、今や笑い話では片付かなくなっている学校も現れ始め、部活動にも少なからず影響を与えている。あくまでも教育の一環という位置付けの部活動も、部員がいなくなってしまっては、その活動も自ずから限られたものとなってしまう。神奈川県の私立高校の鉄道研究部の顧問によると、年によっては１名、２名のみしか入部を希望する生徒が現れないこともあるのだとか。そのような状況で、それではどのような活動を続けるべきなのか、顧問としても悩ましい問題になっているという。今後、どのように様変わりしていくのかは予測が難しいが、まだ当分の間人口の減少は続くはずで、既存の組織は規模の縮小を強いられることになるかもしれない。省庁の再編成が行われたように、趣味の世界についても、他ジャンルとのコラボレーションなどを通じて人員を確保するといった新しい手段が生まれるかもしれない。次の世代の新しい柔軟な発想に期待していきたい。

第4章

鉄道趣味の今

「乗り鉄」の原点・鉄道旅

現代における鉄道趣味人にとって、その楽しみ方は色々とあるけれども、中でも本分、基本と言えるものは、やはり鉄道旅行、つまり鉄道に乗って旅をすることだろう。

昔から旅は人生の友であり、修行の手段でもあった。江戸時代にはお伊勢参り、大山詣りなどの宗教的な色合いの濃い旅が流行るようになったが、この旅にしても、神様にお参りする宗教的行事というだけでなく、娯楽としての旅の要素も含まれていたはずである。日常とは異なる風景を眺め、あるいはその土地ならではの味覚に舌鼓を打つ。その楽しさは今も昔も変わらない。いや、庶民が得られる情報がごく限られていた昔の人々にとってこそ、旅は大きな喜びをもたらしていたはずだ。そして、交通が発達するに従って、旅行の手段は、徒歩や駕籠から、鉄道へと変わっていった。

日本の鉄道は、明治の末期には全国の幹線をほぼ完成させ、現代に繋がる路線網を形成していた。東海道本線、山陽本線、東北本線、鹿児島本線などの主要本線が開通し、鉄道に乗れば、日本全国を旅することができるようになったのである。ただし、庶民が楽しみ

上野駅前で「DISCOVER JAPAN」を宣伝する電光掲示板。1971（昭和46）年1月

としての鉄道旅行を満喫するようになったのは、戦後、それも広く大衆に普及するようになったのは昭和30年代になってからのことである。

昭和30年代から40年代にかけては、全国に国鉄による特急列車の運転網が整備され、「遠くへ行きたい」などの言葉が流行り、日本映画も隆盛の時代にあって、全国の様々な風景が紹介されていた。文学の世界では松本清張の推理小説がヒットし、清張は自身の小説の事件現場を意図的に全国に散らした。これは旅行ブームが訪れたことを察知しての方策だった。例えば、まだ仁科三湖の存在など世の中のほとんどの人が知らない時代に、清張はここで事件を起こしてみせた。そうして、ひと気の無い山奥の湖の神秘的な姿に、多くの読者の目を向けさせたのである。さらに「SLブーム」や、「DISCOVER JAPAN」キャンペーンがあり、全国を「アンノン族」が闊歩した。こうして昭和の時代に、鉄道旅行は誰もが自由に楽しめるものとなったのである。

今の時代からは考えにくいが、この時代の国内旅行は鉄道を利用するのが当たり前だった。飛行機は料金が高く、庶民にとっては高嶺の花。全国を網羅する高速道路網も無く、自動車利用の旅行は近距離に限られていた。いきおい旅行の手段は鉄道が主役。年末年始や、お盆の時期の指定券が発売となる日には、みどりの窓口に長い行列ができていた。

そんな鉄道旅行の姿も、時代を経るごとに変わっていった。その大きな要因となったのが全国規模での新幹線の延伸と、それに連絡する特急列車運転網の充実だろう。かつては一日がかりだった行程が、新幹線が開業した今は数時間の距離となっている。485系特急電車が東北本線を疾走していた時代、当時の記録映像には「新鋭特急『やまびこ』は、上野と盛岡の間を、わずか6時間あまりで結んでいます」と紹介されているが、現在は約2時間強。隔世の感がある。現在、旅行の手段は鉄道のみならず、飛行機や車などの選択肢が多いが、依然として鉄道旅行、それも在来線での移動にこだわっている人たちがいることも確かだ。現代の在来線特急に食堂車の連結はなく、かつては鉄路の女王ともてはやされた寝台列車も、極めて限られた存在となってしまったが、やはり現代の鉄道趣味人にとっては、車両の設備や旅の模様が昔とは大きく変わったとは言え、鉄道に乗り、車内で時間を過ごしながら日常の生活では得ることのできない開放感に浸り、見知らぬ土地を訪ねることは楽しいのだ。最近、ローカル線に乗ると、中年男性の一人旅に出会うことが多い。その姿、筆者としては『時刻表2万キロ』を執筆した当時の宮脇俊三氏の姿を重ねてしまうが、誰にも気兼ねなくぼんやりと時間を過ごすことができるというよりは、むしろ自分と向き合う時間を作る作業としての鉄道の旅、という価値を見出している。世代によってこの捉え方は違うだろうが、鉄道趣味人の中でも「乗り鉄」と呼ばれるジャンルがあるほど鉄道旅行に魅せられる人が多い理由の一つであろう。

乗ることが目的のキャンペーンと切符

「乗り鉄」という言葉が市民権を得るようになったのは、平成の時代になってからだ。この名で総称されるようになった鉄道趣味人は、どこかの町や観光地を訪ねるというような目的を持たずとも鉄道に乗って旅する、あるいは移動することを一義とする。駅の改札口から一歩も外に出ずとも車窓の情景、あるいは鉄道車両の走る音、揺れなどで、心を和ませることができる楽しみを築いた人たちである。航空機を趣味とする人たちの中にはチケットに付随するマイレージ特典を稼ぐためにただ飛行機に乗ってどこかを往復する旅のスタイルがあって、これは「マイル修行」と呼ばれていて「乗り鉄」とよく似ている。だが、鉄道を利用しての往復は大地を走る分、飛行機よりも多くの情報を得ることができると筆者は思っている。もっとも、同じ趣味人として見ると、やっていることにどちらも大した違いは無い、少なくともはた目には。

このような少々ストイックな旅のスタイルが生まれた一つの契機となったのは、1980（昭和55）年からの「いい旅チャレンジ20,000km」キャンペーンの開催と、１９８２（昭和57）年春の「青春18のびのびきっぷ」の登場だろう。ともに第一章でも触れたが、キャンペーン期間中は、全国の駅で駅名標と一緒に自身が収まった写真を撮る人の姿を見ることができた。後者はのちに現行の「青春18きっぷ」に名前を変えた企画切符で、一般的な旅行者にも受け入れられている。当初は体力がある若者向けと思われていたが、今日では時間のあるシニア層をはじめ、老若男女から支持を得ている人気切符だ。片道１０００円ちょっとの距離を往復するだけで元が取れるのだから、ちょっとした日帰り旅や移動にピッタリなのだが、鉄道趣味人はこれを「遠くまでいける」「いつまでも乗っていられる」と発想を変え、時刻表を駆使して一日に１０００㎞を移動する利用法などを生み出している。その旅とは一日中列車に乗り詰めで、例えば朝5時前に家を出て一日中列車で移動し、終電で家に帰るという行程。不足する睡眠時間は列車の中で〝補給〟する。旅に出て、車内で一日中寝ていたのでは何のための旅か分からなくなりそうだが、鉄道に乗っていたいのだからそれは気にしない。そして、どこかの駅に到着しても長居は禁物。それだけ移動（つまり鉄道に乗る時間）に充てることができる時間が失われるからだ。車窓を眺め、駅の風景を眺めれば鉄道旅行を満喫できたと感じられるのだからそれでよい。クラシックのコンサートに〝居眠りしに行く〟という人がいるが、時間とお金の使い方としては同じであろう。

この行程の作り方も変わってきており、例えば東海道本線でさえ時間帯によっては運転本数が極端に少なくなることがある。このコツとしては運転本数の少ない区間をどの時間に通過するかを最初に決めて、その前後の乗り継ぎ列車を逆算してゆく。つまり、時刻表は必須である。また、車内で過ごす時間の使い方を工夫している鉄道趣味人もいる。特に陽がどっぷりと暮れて車窓風景が楽しめない時間帯に備えて本を用意するのは定番だが、最近ではスマートフォン派も多い。ただし、バッテリー切れには十分に注意しよう。

もう一つ、食料の確保とトイレの問題。食料は、途中の乗り換え時間を利用して駅前でコンビニなどを物色するスタイルが一般的だ。トイレの問題も切実で、近年のローカル列車はスピードアップがなされた反面、ロングシート（線路と同じ方向に延びる長いイス）タイプの車両が多くなり、トイレの無い列車も多くなった。これは、昔とは違って普通列車が長い距離を走るものではなくなったからである。そこで、途中の駅で下車するというのがトイレ対策の最終手段となるのだが、列車の運転本数が極端に少ない路線でこの事態に陥ると笑うに笑えない。5分の用事のために3時間を失うことになりかねないから要注意である。

こうした「乗り鉄」の旅、最近は「青春18きっぷ」に限らず、新幹線や特急での鉄道旅行を愛好する人も増えている。特急にも乗り放題となるタイプの切符がJR各社からラインナップされているからだ。特急列車であれば車両の設備は豪華になり、トイレの心配は無くなるが（ただし、現代の特急列車には車内販売が無いのが淋しい）、これとて一日中乗っているのであれば、普通列車と過ごし方は同じ。「何をそこまで、ただ列車に乗っているだけで楽しいのか」と思われる人もいるだろうが、鉄道趣味人は、それが楽しいのだから仕方ない。好きなことに余計な説明は不要である。鉄道に乗り、走行音を聞き、窓の外を眺め、自分が住んでいる場所から遠く離れた町に着く。それらのこと全てに意味を感じるのも鉄道趣味人である。

ただし、鉄道趣味人にとって「乗り鉄」とは遠くへの旅だけではない。毎日通勤に利用している路線でも、休日に普段は乗る機会の無い車両に乗ってみるのも旅である。通勤で利用する時は、朝の上り列車に乗ることが多いだろうから、休日には同じ経路を逆方向に走るという方法もある。昭和のモーレツの時代とは異なり、今は会社勤めでも休暇が取りやすくなっているから、一日を使って手軽なショートトリップを楽しむのである。システムエンジニアとして毎日忙しく働く黒子千恵さんは、時々送られてくる優待券で小田急に乗り、休日を箱根への小さな旅で楽しんでいる。「私は乗り鉄ということになるのでしょうか。鉄道趣味から離れかけた時期もありましたが、それでも鉄道はいつもそこにありました。一番乗ってみたかったのは展望車が連結されていた時代の『つばめ』です」という。さすがに展望車を連結した「つばめ」は遠い昔に姿を消してしまったが、「小田急ロマンスカー」は、現代を走る展望車という夢の形かもしれない。目的地が近場であっても、豪華な列車に乗り、美味しい食事を味わいつつゆっくりと一日を楽しむことができれば、それは立派な鉄道旅行となる。

新潟県の第三セクター鉄道、えちごトキめき鉄道では、このほどJR西日本で余剰となった455系電車を導入し、自社線内を走る急行列車として運転を開始した。朝の快速列車も含めれば、この車両は1日3往復運転されるが、その前日に夜を徹して走る「夜行列車」として運転されることもあり、2日間をかけてこの全ての運転列車に乗る猛者もいるのだという。その所要時間およそ30時間。まる一日よりも長い時間を列車の中で過ごす心持ちとはどのようなものだろうかとも思うが、これも距離よりは時間。現代という時代は、在来線の列車はそのほとんどが長時間は走らず、遠くに行くことも難しい。30時間もの間、一つの車両に乗り続けている人たちは、列車の中で、鉄道の全盛期に思いを馳せて

えちごトキめき鉄道455系。国鉄時代を知る者にとっては、当時の風景そのものである。

いるのかもしれない。

呑み鉄や食べ鉄のための列車

「乗り鉄」から派生した最近のジャンルも触れていこう。

最近は「呑み鉄」。言うまでもなく「乗り鉄」をもじり、つまりは酒好き、呑兵衛の鉄道旅行を指す。酒呑みたる者、何か暇さえあればアルコールを口にするのが本分であろうから、旅に出るという環境は、この要件を満たす恰好の場となる。加えて列車の旅であれば、自身が車のハンドルを握る必要がなく、

「越乃Shu＊Kura」は、日本酒を楽しむための列車だ。鉄道とお酒の相性の良さを感じさせてくれる。

またグループ内のハンドルキーパーに気兼ねすることもない。元来、列車とお酒は相性がいいのである。呑兵衛そのものは昔からいるからその生態をここで改めて分類する必要は無いが、ビジネスユースが圧倒的なシェアを占める東海道新幹線の車内販売で生ビールが提供された前例もあったから、鉄道の旅にアルコールは欠かせない一品なのだろう。それを証明するかのように、「呑み鉄」に特化した列車が増えている。「ビール列車」、「おでん列車」などは、当初から車内でアルコールを楽しむための企画列車だ。ＪＲ東日本が上越妙高〜十日町・越後湯沢・新潟間で運転しているクルーズトレイン「越乃《こしの》Ｓｈｕ《しゅ》＊Ｋｕｒａ《くら》」は車内で新潟の酒の利き酒ができ

レストランの専門的な味を売り物にした列車も登場している。写真はいすみ鉄道で運転されている「レストラン・キハ」。

る列車、長野電鉄が運転している「北信濃ワインバレー列車」は、車内で地元のワイナリーから直送されたワインを楽しめる列車として人気を博している。また、同様に車内でアルコールを楽しむことを主眼とした企画列車が、各地で随時運転されている。

「呑み鉄」の向こうを張って登場した（?）のが「食べ鉄」だ。美味しいものを食べることを楽しみとして旅に出る人たちがいるのは確かで、ファミレスとコンビニの台頭によって、日本人の味覚がすっかりと均一化されてしまった感のある昨今において、その価値は高まっている。「地産地消」という言葉がすっかり知れ渡ったように、その土地ならではの、旬の時期にこそ味わいたい食材の魅力が再評価されている昨今。これを生かす形で、近年は「グルメ列車」と総称される列車が各地で登場している。かつての食堂車よろしく、走っている列車内で沿線ならではの特別な食事ができるというのがセールスポイントだ。保健所の認可の問題などから列車内では調理を行わず、いわゆるケータリングサービスによって列車内に食材を持ち込み、盛り付けをして乗客に提供する。それでも、近年の調理法の進化もあって車内に運ばれた料理であれ、かなり美味しい料理を口にできるようになっている。今は全国で30本ほどの列車が運転されており、やはりこれだけの評価が得られたというのは、鉄道趣味人だけでなく一般の旅行ファンの支持があったからだろう。やはり、鉄道の楽しさの原点は「鉄道に乗ること」と再認識させられるのである。

「撮り鉄」の世界

鉄道に乗ることとは別に、その列車をいつも見ていたいという願望。これを叶えてくれるのが写真だ。ゆえに「撮り鉄」。鉄道写真を撮ることにも、鉄道趣味人にとって無上の楽しみがある。好きな車両、好きな鉄道のシーンをカメラに収め、好きな時にそのシーンを振り返るのは、列車に乗るのと同じく楽しい時間だ。鉄道写真にも上達のコツがいくつかあって、経験を経るごとにそれが理解できるので、成長を実感できるのもいい。他のジャンルで一家をなしたプロカメラマンが、純粋に楽しみのために（本人は鉄道趣味人ではない）、鉄道の写真を撮影している例もある。

「岩崎・渡邊コレクション」の存在からも分かるように、鉄道趣味人が鉄道に親しむ方法としては王道であろう。機材の発達とともに趣味活動の形も変化してきた側面があって、高級品（限られた裕福層の楽しみ）→一家に一台の時代（旅行ブーム）→スマートフォン（誰もが撮影できる）という発達の流れの中で、作風も一世一代の記念撮影風から日常の一断面風というように、変化してきているのは興味深い。最近では、鉄道車両が写っていない鉄道写真、すなわち鉄道の設備や施設、乗客などを主役とした作品も多く見られるようになった。気軽に撮れる分、被写体も多様化しているのであろう。

「撮り鉄」の装備今昔

明治時代の鉄道撮影行の苦労は知る由も無いが、SLブームの頃も、カメラをみんなが持っていたとはいえ、撮影行はなかなかの苦労があった。機材は、いわゆる35㎜一眼レフカメラが主役。モノクロフィルムはコダック社製の「トライX」が定番で、「トライX」が高価であることから、これを富士の「SSS（スリーエス）」をもって代替とする方法もあったが、「トライX」の方が粒子の並びがきれいで、印画したあとの仕上がり具合にはやや差があるというのが定説だった。それとともに、フィルム自体も高価なため、1枚の撮影に集中した。失敗したくないから、2台3台で撮影した人も多かった。「フィルムを節約するために、蒸気機関車待ちの間に来るディーゼル列車を見送った（今から見れば、撮っておけばよかった）という経験をお持ちの方は多いだろう。

装備も大がかりだった。メイン機の他にサブのボディを一台用意して交換レンズが数本。広角レンズはあまり使用されず、望遠系のレンズが2～3本というのが相場だった。画質を追求する人は、これに中判と呼ばれる大振りなカメラも用意し、このための交換レ

函館本線上り急行「らいでん1号」は、6両増結して倶知安峠で臨時停車し、C62 三重連の撮影者の便宜を図った。1971（昭和46）年7月20日

ンズ数本という構成になる。国鉄蒸気機関車の晩年の頃には、伯備線布原信号場、函館本線目名〜上目名間などの名撮影地では、三脚にカメラを据えたファンがずらりと並ぶのが日常の風景となり、複数のカメラで同時に撮影するのだから操作は大変で、「カメラマンは千手観音」と自らを揶揄していたのも懐かしい。ゆえに、プロカメラマンの装備は多彩で高価なものが多く、それと判別できたものである。

現在、鉄道趣味人の鉄道撮影の機材については、プロもアマも同じと言っていい。むしろ、自分の指向に合わせて最上位機種を用意するアマチュアカメラマンの方が、装備としては高級な場合も多い。デジタル一眼レフ、あるいはミラーレスカメラが第一線で、SLブーム時のように複数のカメラをセットする必要は無くなったものの、動画撮影を同時に行う人が増えるようになり、スチールカメラとムービー用カメラを並べたりしている。ことに近年は動画をSNS上にアップロードすることがビジネスとしても行われるようになっていて、動画重視の傾向はこれからも続くことだろう。ただし、旧来のスチール写真とムービーが、同じポジションで最高のアングルが得られるとは限らず、2台のカメラを並べるとムービーにスチールのシャッター音が入ってしまう可能性があり、また操作も煩雑になるのが「撮り鉄」の悩ましいところである。

こうした変化によって、現代のカメラマンの装備は昭和と比べて驚くほど軽量で、現代のカメラバッグは、かつてフィルムの収納部分に充てられていたスペースを、ノートパソコンなどの携帯端末の収納スペースに充てるのが常である。この機動性を大いに生かして、今いる場所、つい先ほど撮影した写真をタイムラグなしに、SNS上にアップする人も増えた。カメラマンの衣斐隆さんもそういった一人で、仕事での遠征で、「ただいま○○（ここに地名が入る）」という形で随時アップされる鉄道写真には、今風のルポという趣がある。

ところで、撮影行に際しての移動手段は、かつては鉄道が主流だったが、最近では自動車を使用する鉄道趣味人も多い。マイカーが一家に一台どころか一人一台の時代となり、機動力のある自動車の利用は、鉄道写真撮影の可能性を飛躍的に高めた。誰もが鉄道利用で移動していた時代には想像もできなかったような場所からの撮影も可能になり、一日あたりの撮影枚数も桁違いに増やせる利点もある。その反動か、有名撮影地を渡り歩くことにとどめているカメラマンが増えている印象を筆者は持っている。有名撮影地での撮影は、確かに美しい構図を撮りやすいのだが、そこから新たな創造が生まれる可能性は低い。いわば二番煎じだからである。これを楽しむことに徹する場合はそれでもいいが、鉄道写真にもより高い創造性を求めるのであれば、鉄道に乗ってその空気を体感し、色々な観察力を磨きながら自分なりに被写体を見つけて撮影していく方法をおすすめしたい。大自然の中にある被写体は、動物や花ばかりでなく、木の葉の先に残った雫や、道の上の落ち葉にも見つけ出すことができるのである。かつて、北海道士幌線廃線跡にあるタウシュベツ橋梁跡付近で、慣れない人が林道で脱輪事故を多発させてしまい、林道の保全を考えて入口にゲートが設けられるなどの実例もある。現代の鉄道趣味人の皆さんには、マイカー撮影行とともに、ぜひ鉄道撮影行も楽しんでほしいと思う。

「列車でたどり着いた場所を歩くという鉄道趣味はすっかり廃れてしまったようです

が、車で追っかけて撮り歩くのとは時間の質に数段の違いがあることに気づいたのは50代。趣味から生まれる思考、写真、記録、文章、充実感が違っていることに気づきました。これは実際やった人でなければ気づかないし、気づいた人はやめられない」というのは札幌在住の眞船直樹さんの言葉で、ここには鉄道という被写体だけに限らず、写真を撮ること、あるいは研究を重ねることへの、深い含蓄が秘められているように感じられる。

撮影後の楽しみ方

次に、撮った写真のそのあとの楽しみ方について。

昔であれば、撮ったフィルムをまず「サービス判」と称する小さな写真でプリントし、気に入ったコマについては、これを大きく引き伸ばしてアルバムに貼って整理していた。どの家庭にもきっと写真を貼っておくアルバムが数冊あって、その主役は鉄道ではなく、子どもの成長の記録や家族で出掛けたピクニックなどの思い出の写真など。お正月やクリスマス、誕生日などにそのアルバムを見て、家族の話題にする時間は、生活の中の楽しみだったのである。鉄道趣味人は、これを応用して自身の傑作鉄道写真をアルバムに貼って整理した。家族に自慢したり、来客に見せたり、さらに同好の士との集まりなどに写真を持参して自慢し合う、あるいは情報を交換するというのが当然の楽しみ方だった。時にはこれがカメラ（というよりも写真機や撮影の腕というべきか）の自慢比べにもなり、それが情報交換や次のステップへのヒントになる。そうして人々は知識を増やしていたのである。

こんな撮影スタイルも、近年は大きく様変わりしている。その主役となったのは言うまでもなく、インターネットを中心とした個人でも扱える情報網の発達であり、デジタルカメラなど、このメディアとの融和性が高いデバイスの登場である。作品や意見を通じての人との交流がＳＮＳの本分ではあるが、媒体との関わり方について、温度感は千差万別で、これは現代における趣味活動共通の傾向だ。かつてのアルバムの役割を果たしているのは、間違いなくパソコンであり、あるいはタブレットやスマートフォンなどと総称されるデバイスもそれに当たるだろう。撮影された画像データは、これらの機械に記録され、必要に応じて取り出される。昔ながらのアルバムが無くなってしまったわけではないが、そのパソコンを皆で見合うというよりは、LINEなどのアプリを介して写真を楽しんだりしている。

写真をフィルムで撮っていた時代は、その性能によって写真の撮り方にも自ずと限界があり、すなわちその表現方法にも限界があった。現代でもこの制約が無くなったわけではないが、技術の進歩によってかつてのハードルが少しずつ霧消しているものも多い。その良い例が感度だろう。フィルム時代のそれは常用されるもので、ISO感度400程度がその上限と考えられ、だからこそISO400の「トライX」が評価されていた。フィルムという媒体にも進歩はあったが、フィルム時代の最晩年といえる1990年代においても、結局はISO400程度が実用の上限だった。増感現像という処置もありはしたが、高感度を求めてこの処置を行えば、画質の劣化が顕著となり、写真を使用できる範囲が狭まっていった。これがデジタルカメラの時代となり、デジタル技術の進歩によって、高感度の使用をためらうということが無くなった。最新のデジタルカメラは10万を超えるISO感度での撮影も可能となり、フィルム時代には到底不可能だった、夜間の走行写真の撮影も場所を選べば可能となっている。一定のクオリティを求められるプロカメラマンにおいても、雑誌を媒体とした人物写真などはISO5000での撮影も十分に可能となっている。これもまた隔世の感というところだ。

ただし、常に最高のクオリティを求められるコマーシャルフォトの世界はまた別だという。ある広告写真の専門家は「ＩＳＯ感度は絶対に８００を上限としている」と語ってくれたから、やはりこのあたりに一つのボーダーラインがあるだろうことは覚えておいて損は無い。求めるクオリティは人によって異なるから、要は自分自身で様々な感度設定をして、自分なりのデータを算出しておくことである。悪条件下での列車の走行写真の撮影には高感度での撮影を許容して、例えば駅の風景など高速シャッターを必要としない被写体の撮影では、低い感度を使用して画質を優先すればよい。撮影する一コマごとにＩＳＯ感度を自由に設定できるのは、フィルムカメラ時代には考えられなかったデジタルカメラの大きなアドバンテージだ。最近はフィルムカメラも見直され、これを使って撮影している人も多いはずだが、もしもカメラバッグに余裕があるならば、デジタルカメラも1セットは入れておいた方が良いだろう。撮影の条件が悪くなった時には、デジタルカメラで撮影すればよい。

鉄道写真に対する考え方

普通は撮影した写真を集めて整理して楽しむ。それで終わりだろう。ところが、鉄道趣味人の中にはさらに写真とお付き合いする人もいる。写真の後処理を楽しむのである。これはフィルム時代ではほぼ不可能だったものが、デジタル写真の普及によって大きく様変わりしたものであり、多くの人が気軽にできるようになってきたことが大きい。一般には「レタッチ」とも呼ばれ、一度撮影された写真を「フォトショップ」などの加工ソフトを使用して、より美しく仕上げる作業を指す。最近はこのソフトの使用方法も広範囲になったことから写真の範疇を超えているとして、「レタッチ＝悪」のようなイメージさえ持つ人もいるが、初期のデジタルカメラも、撮影されたものはいわゆるＲＡＷデータであって、撮影後すぐに見て確認ができる画像はカラーバランスも特別に考慮されていない絵柄を確認できるというだけのものであった。つまり、この時代のデジタルカメラは、撮影者がレタッチをすることを前提と捉えて開発されていた。また、フィルムと印画紙によって写真表現がなされていた時代、プリントの過程での「覆い焼き」や、「焼き込み」という

レタッチの作業中。

技術があったが、上級のテクニックだった。それが、現在は誰でもできるようになっているわけである。こうなると、そもそも写真とは何？　という疑問も湧くのだが、これを縮く一例を挙げると、ある写真系月刊誌の写真コンテストで掲げていた応募基準は「何でも認める」という方向で、つまり、カラーバランスを変えてもよく、シャープネスや諧調を変えてもよい。嘘をつくものでなければ、レタッチなどのあらゆる表現法を含めて作品であるというものである。これは、絵画の世界で、そこにあるものを全て正確に描かなくとも嘘とはならないのと同じことで、仕上がった画像のみが評価の対象となるということである。北斎や広重の作品を思い浮かべてみるとよい。

こういった考え方もあり、アマチュアを含めたカメラマンが自室に「パーソナルラボ」とでも呼ぶべき設備を備えるケースが増えた。つまり、システムの中核となるパソコンはもちろん、プリンターも写真印刷用に適した機材を選び、使用する用紙などについてもあらゆるグレードのものを備えて、写真のテーマに合わせてこれを使いわけてゆくというスタイルである。近年は材料を通販で備えることができるので、どこに住んでいても十分に実現が可能で、むしろ住居に制約が少ない人口が少ない地域に住む人にこそ、アドバンテージがありそうにも思える楽しみ方だ。一番求められるのは、撮影者の知識と技ということになっていくのだろう。

このように鉄道写真を撮影することの楽しみは、撮影地の発見、画質を追求しての重装備化、そしてデジタルカメラ時代へ入り、仕上がり作品もより個性的になっている。デジタルカメラの黎明期、まだカメラの性能も画質上もフィルムの方が、質が高かった頃は「仕事はデジタルカメラでこなしても、自分の作品はフィルムで撮る」と宣言していたプロカメラマンもいたが、今やデジタルカメラの可能性は、フィルムカメラのそれを大きく凌駕している。さらにミラーレスカメラ以後はカメラの速写性が大きく向上し、鉄道写真を撮るにもその瞬間を捉えやすくなっていて、昔のプロカメラマンの機材よりも数段優れた機能を簡単に使えるようになっている（スマホでさえ、優れた機能を有しているほどだ）。作品の被写体がより細かく、より日常化しているのも、そういった機材の進化と関係している面があろう。

ちなみに、東京オリンピックの期間中、ある新聞社が撮影したカットはおよそ２４０万カットであったといい、それはフィルム時代、あるいはデジタルカメラの登場時とは比較にならない膨大な量だが、その保存と管理については新聞社同等、個人でも同じ。悩ましいことである。

最後に、撮影マナーについて触れておきたい。「撮り鉄」という言葉とともに「マナーの悪さ」が最近、ニュースなどでも取り上げられる。実はＳＬブームの頃も似たようなニュースが多々あり、人が増えるとこういう事例も出てくるということなのかもしれないが、マナーは全員が守らなければいけないのは当たり前であり、時代を問わない。筆者の個人的な解決法は「人が出る所には行かない」ということである。確かに、何か珍しい列車が運転される日にそこを訪ねたくなる気持ちにはなるが、人の波に揉まれたり、罵声を耳にするのは誰だって嫌であろう。鉄道趣味人は、ぜひ自分の趣味のスタイルを決めておくことをお勧めしたい。人が出そうな対象なら人より半年早く記録しておく。あるいは場所を変える。これはやろうと思えば簡単にできるし、長い目で見れば効率も良くなる。

「何かと規制があって、うるさい人もいたりして、やりづらい世の中になったものです。そんな中で珍しいモノが走るとか、何かが廃止されるとなれば大挙して人が押し寄せパニック状態になる昨今。あまり周囲に影響されず、自分自身の趣味嗜好を大切にしていればそんな騒ぎにはならないような気がします。本当に好きなターゲットに絞りましょう」と言うのは、若い頃から軽便鉄道に通い続け、夜行列車の連泊が続いたあとには、有名撮影地の鉄橋の下で海水浴をして風呂代わりにしたという青森恒憲さんで、少しの工夫で楽しみとゆとりを作れるというのは、人生を自分らしく生きるための一つの真理であるようだ。また、プロの鉄道カメラマンである松本洋一さんは「過激な撮影方法は、趣味の範囲を超えているのでは?」と、趣味とは別のものと指摘している。

廃線跡探訪

鉄道趣味のジャンルの中で、この20年くらいの間に急速に広まり、今やすっかり市民権を得た感のあるものに、廃線跡探訪がある。これは文字通り、今は廃線となってしまった跡を訪ね、残された軌道跡や、場所によっては残されている駅のホーム跡、車庫の跡などを眺め、その路線の在りし日を偲び、その鉄道の姿を自分なりに作り上げるというもの。鉄道が研究の対象となってからの長い間に実に様々なジャンルが研究され尽くし、未知のフィールドが乏しくなってきた中で、このジャンルにはたくさんの未知があると捉えられたという点からも人気テーマとなっている。いかにも鉄道趣味の世界らしい、アカデミックな研究対象となったのだった。

古くは昭和初期までに廃止となったものから、昭和末期の国鉄による多くの路線廃止など、今の日本には数多くの廃線跡がある。線路が撤去された年代によって廃線跡の表情には大きな差異があるが面白く、近年に廃止になったものほど遺構に現役時の面影が色濃く残されて鉄道現役時代の光景が想像できるが、都市部に近いものほど土地が再開発されて鉄道の痕跡は失われているかというとそうでもなく、家屋の並び具合などに鉄道時代の敷地の面影が残っていたりと、なかなか奥が深い。反対に山間部に残るものは土地の利用価値が低くて線路を撤去するにも相応のコストが必要とされるため、放置に近い形にある軌道跡や駅の跡に接すると、鉄道趣味人としては誠に胸を打たれるものがある。安全管理の

廃線跡には、独特の哀愁が漂う。写真は中央本線旧線の愛岐トンネル群。一部が遊歩道として整備されている。

面から、トンネルや橋梁の跡は残されていたとしても立ち入りが禁止になっているケースや、駅舎跡が代替バスの待合所に再利用されるケースなどのほか、実際に立ち入れたり立ち入れなかったりと、その地域の実情を映し出している点も興味深い。老朽化が進んだ施設は維持にもコストがかかることから、近年は簡素な施設に建て替えられてしまっているものも多く、やはり鉄道という交通システムはバスなどと比較して運行に大規模なインフラが必要なのだと、鉄道跡を見るたびに感じるが、このように廃線跡は千差万別で、まだまだ謎や新たに学ぶことも多く、それを探していく過程はまさに「研究」というもので、鉄道趣味人にとっての大きな楽しみになっている。

さて、現代の廃線跡めぐりの方法についてである。遺構を訪ねて昔を懐かしむだけであれば、体一つをそこに運べばよいということになるが、成果を上げるためには相応の装備が必要で、カメラやメモ帳などの記録のための道具と、地図は最低必要。どこを線路が通っていたかを示す現役時の資料や、それぞれの場所を走る現在の交通機関の運行情報も仕入れておく。さらに、長い距離を歩く作業となるから、ハイキングと同等以上の服装、装備と体力もほしい。鉄道が廃止となる場所なのだから、代替交通機関にしても運行本数は少なく、運行ルートと運転本数を把握しておかないと結末は悲惨なものとなる。車を利用すれば効率がいいように感じるが、廃線跡探訪については、車はあまり良い方法とはならない。移動速度が速すぎて小さな遺構を見落としがちになるし、自動車道が線路跡に並行している例は少ない。軌道跡が遊歩道に転用されている例もあるが、そのほとんどは車の通行には適さない。さらに車の駐車場探しにも時間がかかり、有料の駐車場を利用していると、その費用もかさんでしまうからだ。

廃線跡調査の基本は徒歩（廃線跡によってはサイクリングロードになっているので、自転車という方法もある）。現在と過去の地図の両方を携え、カメラとメモを手にして、かっての線路の跡を全線歩くというやり方に行き着く。夏であれば飲み物を持ち、害虫対策も必要になるから、いささかハードな作業である。それでも、だからこそ楽しいのがこの趣味で、経験を積むごとに要領が分かり、一回の踏査で多くの発見を得られるようになるから、やればやるほどハマってゆく。廃線跡の中には篠ノ井線の旧線跡や、倉吉線の廃線跡のように軌道跡が遊歩道として整備され、定期的にガイドが随行するツアーが企画されているところもあるから、これは入門者に好適なイベントと言える。また、最近ではインターネットを駆使してバーチャルで廃線跡探訪を楽しむ人もいる。地図アプリやグーグルアースなどで廃線跡をたどるのである。ただし、これをやっていると実際に行きたくなってしまうのと、あまり知ってしまうと現地での発見の楽しみが無くなるので、下調べ程度にしておくのも策である。ちなみに、廃線跡探訪と似た対象に未成線の探訪がある。未成線とは建設が計画され一部の施設が着工されながらも、そのあとの計画の変更によって工事が中断され、結局は廃棄されてしまった路線のことで、その姿は廃線跡と似ている。

廃線跡は意外と多いという筆者の経験例を挙げると、札幌に仕事で行った折、定山渓温泉に宿泊したのだが、その時に定山渓鉄道の存在を思い出し、気になって仕方がなくなった。そこで、札幌在住の鉄道趣味人に問い合わせたところ、「今泊まっているホテルが、駅の跡ですよ」と、答えをすぐに教えてくれた。翌朝、旅の行程を変えたことは言うまでもない。

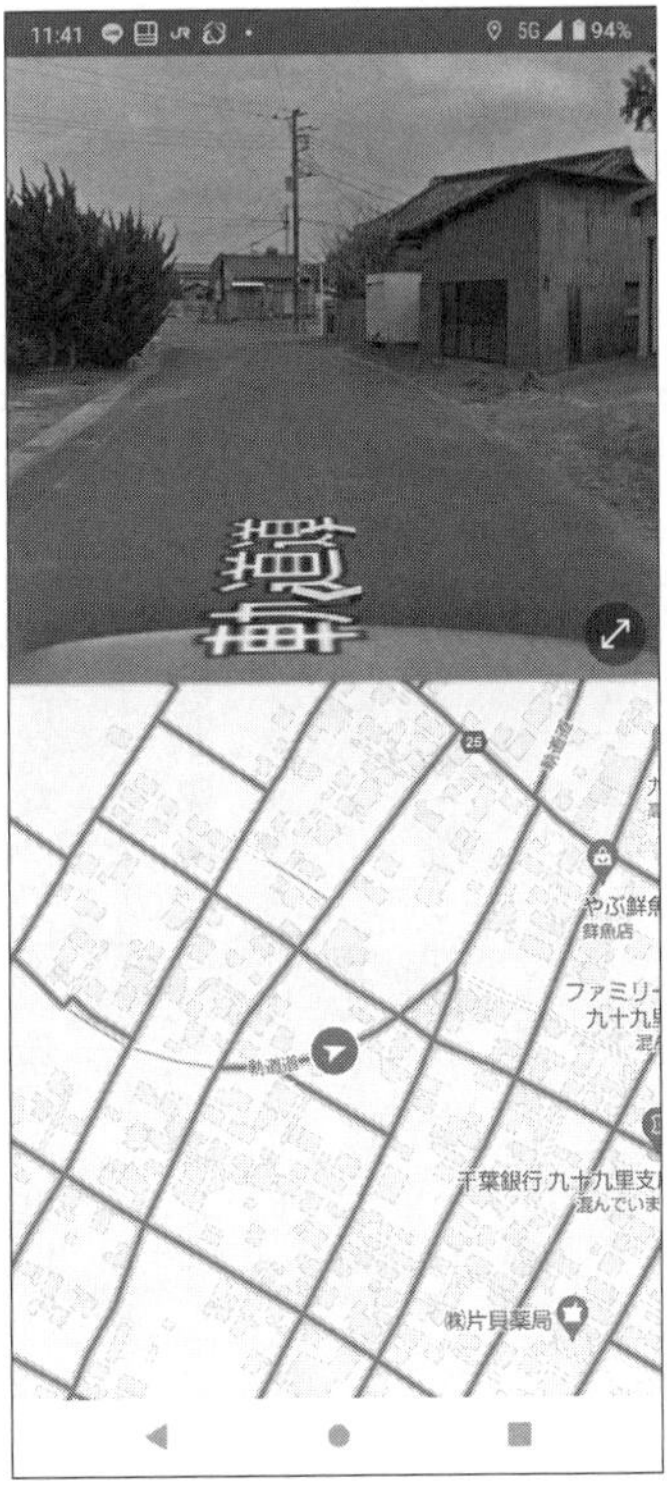

今やスマホ片手で廃線跡探訪。千葉県の東金〜上総片貝間を結んでいた九十九里鉄道跡を、グーグルマップのストリートビュー機能でたどった。鉄道らしいカーブの具合をバーチャル体験。

Ⓒgoogle

「秘境駅」と鉄道趣味人

廃線跡探訪に続くような形で、近年になって「秘境駅」というものが鉄道趣味人の間で話題になった。秘境とは人が踏み入れることも稀な究極の人口過疎地、かたや駅は人が集う場所に設けられるものだから、一見、秘境駅という言い方は矛盾のようだが、かつては集落があり、駅が設けられた場所が、急速な過疎化によって、その姿が秘境のような姿を呈するようになった駅などを指す。これは、ある意味、日本が抱える地域の問題を垣間見る鉄道施設とも言えるだろう。ただし、秘境と呼ばれるような場所ゆえ、駅周辺は自然に恵まれていて旅先に選ぶにも楽しく、また、ルート変更などでそもそも人がいない所に駅が造られているという歴史を反映している場合もある。廃線跡との違いは、実際の列車で行けることだが、さすがに停車する列車は少ないので車を利用する場合も多い。今は無人となった古い木造駅舎や使われなくなった側線の錆びたレール、駅前に残された古い看板などを見てしばしの間感慨にふけるのは、秘境駅らしい楽しみだ。

鉄道趣味人にとって、秘境駅探訪は現役の路線というだけで、実際は研究対象としては

飯田線秘境駅ツアー　中井待駅　2010（平成22）年４月８日

廃線跡探訪と同じ要素があり、乗降客がほとんどいない駅にいながら何らかの遺構（にも近いもの）が見つかることが多い。現役の駅である以上、駅には整備された道が続き、電気も通っているから廃線跡めぐりよりもハードルは低いが、一日にいくつもの秘境駅を訪れるとなると大変で、列車運行（時刻表）ともにらめっこすることとなる（これもまた鉄道趣味人にとっては楽しいのだが）。鉄道利用の場合であれば、前後の列車の乗り継ぎを十分に考えて計画を立てなければならない。山奥のＡ駅を訪ね、次にさらに山奥のＢ駅へ向かい、そこから帰るというのではなく、まずＢ駅に行ってから、その帰り道にＡ駅で途中下車するという経路を組むのが有効な場合もあり、こうなると下手な推理小説に負けない複雑なトリック作りとなる。駅前に商店があることは稀で、自動販売機すら無いだろうから、飲み物や行動食を用意しておく必要もあるだろう。こうなると探検である。近年では秘境駅を訪ねる臨時列車などが運転されるようになったのは、この秘境ぶりを逆手に取った妙案といったところだろう。

また、近年は秘境駅をテーマにした写真集が複数発行されていて、参考になる。飯田線の金野駅、千代駅、あるいは小和田駅のように、道路の側からではどのような道筋で行けば良いものか、すぐには判明しない〝難所〟も数多く、廃線跡のように代替バスなどが全くないケースもあるから、廃線跡探訪以上に行程づくりが難しい。だが、それを楽しんでしまうのもまた、鉄道趣味人なのである。

お気に入りの場所を持つ鉄道趣味人

廃線跡や秘境駅など、現地踏査は鉄道趣味人にとって大きな楽しみのテーマだが、なにも地方に限ったことではない。そのテーマとして、近年、鉄道趣味人の間で話題なのが駅舎である。というのも、昭和時代に建てられた木造駅舎が交替期を迎えており、あちこちで建て替えが進められているためである。新しく建てられた駅舎は、そのほとんどが奇抜なデザインか、あるいは極端に簡素化されたデザインを採用しており、設備の刷新は喜ばしいことに違いないが、鉄道趣味人にとっては、〝伝統を重んじる姿勢〟が失われてゆくようで、少しばかり悲しい気持ちにさせられてしまうものである。これもまた、趣味活動の原動力ではあるのだが。

それであれば、現役のうちにどのような駅でも記録に残しておきたい、と鉄道趣味人は考える。幸いなことに、デジタル写真はフィルム時代とは段違いの低いコストで撮影を楽しむことができる。駅舎、駅名標、信号機…。どんなものでもよいから、目に留まったものは写真に収めておくことにしよう。気がつくと、駅前に建つ郵便ポストの位置が移動していることもあって、これだって貴重な記録である。

東京駅の丸の内駅舎の写真を撮り続け、今や「東京駅カメラマン」としてマスコミに登場することも多くなった佐々木直樹さんは、今も東京駅の写真を撮り続けている。同じ場所に通って撮影を続けるというのも、写真というメディアの特徴を生かした立派な方法で

通い続けるほどのお気に入りの場所を持つと、一つの拠点ができることになり、趣味活動に幅が広がるものである。写真は筆者のお気に入りのフランス料理店「アタゴール」。かつての24系「夢空間」が客席の一部となっている。

ある。春夏秋冬、朝昼夜で、風景は全て異なる、同じ構図に違う風景が写る、それを正確に伝えることができるのが写真であって、風景画ではこの説得力は得られない。佐々木さんは、同じ駅に通い続けたおかげで写真では残せない素敵な場所を発見したという。「ステーションホテルのＢａｒでの一杯が、東京駅活動の至福のひと時です」。このように、通っているうちに自分の場所を見つけられたことは一つの境地であって、趣味の賜物だろう。鉄道趣味人は、必ず鉄道に関わる場所で自分の至福の場所を一つや二つ、持っているものである。そんな場所をたくさん持つことができたなら、きっとその人の人生は、彩り豊かなものとなる。

ちなみに、記録するべき被写体は自分のこだわりの物でいいし、それを探すことから始めてもいい。鉄橋、トンネル、踏切など、研究の対象となる構築物が無限にあるのが鉄道の世界だから、毎日利用する路線で、今一度目を凝らして、自分自身が興味を持てる対象を見つけてみよう。写真を撮影し、この写真につける文章も考えてみる。見取り図、平面図を作って情報保存のための有効な手段にしてもいい。例えば駅構内に留置されている車両の車号を全て控えておくとか、こうしたデータが貴重なものとなる時が必ずくる。

切符・記念物コレクション

鉄道物に限らず、昔から趣味とされてきたものに、コレクションがある。その代表とされてきたものは、切手や古銭の収集であろう。かつて、大きな町のどこかに決まってコレクター向けのショップがあり、コレクションの対象としての切手や、古銭を扱っていた。

つまり、こうしたコレクションも、微々たるものながら経済の歯車の一つであって、その対象は変われど、集めることにお金を使う人はいるということである。世の中を概観するとコレクションの対象は切手、古銭に限らず、絵画や刀剣などの美術品、ミニカーや人形、モデルガンやコミック、お皿やカップなどの日用品にも広がり、コースターなどという、本来は一組あれば用が足りるアイテムも、立派にその対象となる。近年、トレーディングカードの登場はコレクションとなることを意識したものであったし、ゲームセンターの店頭に置かれている、いわゆる「UFOキャッチャー（クレーンゲーム）」の景品もしかり。「UFOキャッチャー」の景品コレクションなどは、景品をキャッチし損なえば投資がパーとなるのだから、無事獲得できれば喜びはひとしおで、しかもコレクションになるアイテムが色々と用意されているからある意味、タチが悪い。ある山の雑誌には、個人のリュックサックのコレクションが紹介されたことがあって、その数たるや相当なもの。1週間に一つ、どれかのザックを背負って山に出かけても一年では使いきれないほどだった。なぜ集めたくなるのかと聞かれても答えに窮してしまうのだが、そのような心理は、鉄道趣味人のコレクションアイテムの熱意と同じものと言えるかもしれない。

さて、その鉄道趣味人のコレクションの対象についてだが、定番は切符だ。今はほとん

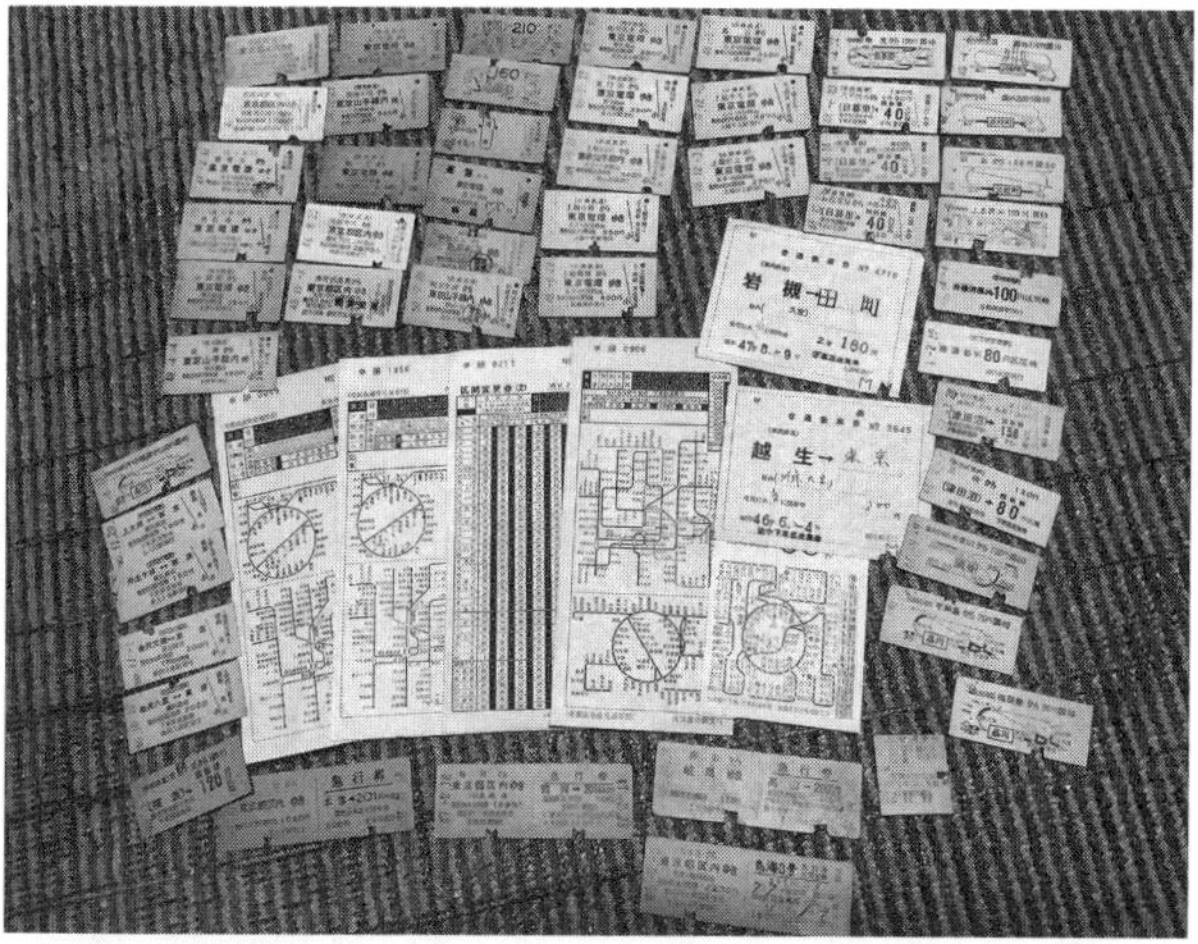

切符は一番身近でかさばらないため、古くから鉄道コレクションの対象。使わない切符を買ったり、降車駅の先の駅までの切符を買って途中下車するなど、その収集方法にはアイデアがあった。（提供：松波良城）

どの鉄道が非接触型のＩＣカードに対応した自動改札機を導入しており、硬券と呼ばれるボール紙製の切符に出会うことは少なくなった。ＩＣカード主流の現在でも、自動改札機に投入できる切符（軟券とも呼ばれる）や、機械発券による指定券は形として残るのでコレクションとしても人気があるが、保存していると印刷が薄れてしまうのが難点で、鉄道趣味人にとっては魅力半減。これに目をつけてか、由利高原鉄道のように今でも硬券を使用して、その魅力をアピールしている路線もある。同社では使用済みの硬券を缶詰に入れてお土産として発売しており、ファン心理を衝いた心憎い企画となっている。ただ、このアイテム、一度缶を開けてしまうと、存在価値が変わってしまうように感じられてしまい、そこに鉄道趣味人のジレンマもありはするのだが、それもまた缶詰であるがゆえの魅力なのだろう。この他にも、コレクションの対象となり得る昔ながらの紙製の切符を扱っている鉄道会社はまだあるので、それが目的の旅も鉄道趣味人としては本望だろう。もう一つ、記念切符という存在もある。特に昭和時代には、鉄道各社は何か行事があるごとにこぞって記念切符を発売したものである。それぞれデザインにも工夫が凝らされていて、コレクションアイテムとしての価値を高めていた。現在でも記念切符は発売されることがあり、新線や新駅の開業にはこれが登場するたびに欲しくなる。日常の物を買い集めるのはその場に行けばいいが、やはり記念切符のような記念物が欲しくなってしまうのは鉄道趣味人の性であろうか。その時しか買えないと言われてしまうと、つい買いたくなってしまう。こうした価値のあるニューアイテムの登場には決まって長蛇の列ができるから、それは覚悟のことであるが…。

かく言う筆者も、長蛇の列ということで苦い思い出がある。ある記念駅弁が発売された時である。朝の7時過ぎから行列に並んだのだが、しかし、これは本当に私の前の人で完売となった。私はこの日の「一番残念な人」となったのである。この経験は、思い出話がすなわちお土産なのであるが、しかしできることなら、思い出だけでなく駅弁も手に入れてみたかった。列を整理していた係員が、並ぶ列に向かって「このあたりの順番ですと、お買い求めいただけるか、微妙です」と筆者あたりを指して案内していたのだが、せっかく早起きして出かけたのだから、途中で引き返すわけにはいかない。直前の完売だったから記念になって良かったのかもしれない。あと3人くらい後ろだったら、悔しさも思い出にならない…などなどと、負け惜しみばかり…。東京駅の開業100周年記念Ｓｕｉｃａを発売した時、駅前に長蛇の列ができ、しかし多くの人が記念Ｓｕｉｃａを入手できなかったということがあってマスコミにも紹介されたから、ご記憶されている方も多いだろうが、きっと筆者と同じような思いをされた人がおられたことだろう。

鉄道趣味人は、こうした記念物の入手には長けているから、相応の技もある…、と言いたいところだが、このような騒動に巻き込まれずに記念物を入手する方法は、その場で販売される限り、無い。そこで、筆者は「一番大切なのは思い出だ」というところで整理をしている。いや、万策手を尽くせば、あとから市場に出てくるものを、例えばネットオークションなどで入手することもできたりはする。ただ、それではコレクションの価値が半減するようにも思ってしまうのである。もしもまた記念の駅弁が発売されることがあれば、その時はあと30分早く家を出たいと思っている。個人の考え方次第であろうが、神社でお正月に配られる縁起物と同じで、行列を作って、寒い中をしばらくの間待たされて、ようやく手にできるものだからこそ、そこにありがたみを感じるものだと思う。

廃品や日用品もコレクションにする

切符の記念物の他にもコレクションの対象となる鉄道関連のアイテムには、様々なものがある。鉄道趣味人にとって特に人気があるのは、ナンバープレートや行先標示板などの廃品となった車両の部品だ。これ欲しさゆえの盗難騒ぎが報道されることがあるが、犯罪行為は厳禁。負の思い出は、人生の最後までついて回る心の負担になる。

車両の廃品を入手するには、専門のショップ、最近ではネットオークションに目を向けるのが良いだろう。また、鉄道会社が主催する自社施設の一般公開で、廃品が販売されるケースもある。筆者の経験では、電車の側扉が1枚1000円程度で販売されていたこと

イベントなどで鉄道部品即売会が行われることもあり、いつも盛況だ。写真は「ＳＬ信州博アルピー号」出発式にあわせて行われた即売会。　松本駅　1993（平成5）年7月23日

もあり、慣れたものでその会場では宅配便の受付ブースも設置されていた。ところが、鉄道車両とは大きいもので、現場では手頃のサイズに見える廃品も、自宅の中では圧倒的な大きさを見せつけることが多いから注意が必要である。ある鉄道趣味人は青函連絡船のイスを格安で購入したが、自室に設置すると一般的な家具とは桁違いの大きさがあったという。そこでこのイスの上で眠ることを思いついたというが、いつまでもイスで眠るわけにもいかないはず。イスのそのあとの扱いがどうなったのかは分からない。

他にも鉄道の現場から出される廃品には職員の制服や現場で使用される小品などが

ある。国鉄時代などは改札で使用される鋏《はさみ》が人気となっていたが、今日では有人の改札口そのものがすっかり希少な存在となってしまったから、小さな小物でもその価値は大きい。このような品々も車両の部品と同じ経路で入手できたりする。

ただ、鉄道趣味人にとっては、コレクションといっても数を揃える必要はないと考える向きもある。これらの品物を一つでいいから手元においておくだけで、実物と過ごした時間に思いを馳せることができるからだ。最近は、このような中古品の価値が認められてか、駅や鉄道博物館の売店などで様々な鉄道グッズが生まれ、扱われるようになっている。車両の絵を描いたマグカップや、衣類、文房具などは実用性が高い反面、消耗品は実際に使用するか保存するか、判断が難しい。二つ同じものを購入して一つを保存し、一つを実際に使用するという方法もあるが、これもまた保管場所に気を遣わなければならないのが悩ましいところである。

余談になるが、鉄道趣味人にとって、このようなアイテムは自らが買い集めて回らなくても不思議と増えてゆくことがある。えちごトキめき鉄道の社長・鳥塚亮氏は、子どもの頃「親戚のおじさんやおばさんが遊びに来るたびに新幹線のブリキのおもちゃを買ってきてくれたので、新幹線だけでブリキのおもちゃが3台もありました」と思い出を語る。まだブリキのおもちゃが貴重品だった時代の話である。人が物を呼ぶのか、物が人を呼ぶのか、鉄道趣味人たるしたたかさ、かもしれない。

インターネットと携帯端末

コレクションなどの活動が昔から変わらない趣味の王道であるとするならば、近年になって登場した趣味の形態が、インターネットを利用した情報の収集と交換だろう。インターネットの黎明期、あるいはその前身と言えるパソコン通信（あるいはワープロ通信とも）の誕生時には、そもそも自分が所有する端末を電話回線につなぎ、通信体制を整えることだけでも相当な手間がかかり、「アクセスに成功することが入会資格」とも言われたものだ。今はもう、端末を購入した時点で、すでにその端末に環境が整えられているという状況になっており、誰もが簡単にネット社会にアクセスできるようになり、時代の進歩がうかがえる。それゆえ、鉄道趣味の世界も、インターネットという媒体無しには成立しないものが多い。鉄道会社の最新情報は、まず自社のホームページでいち早くアナウンスされるし、カメラメーカーや模型メーカーの新製品情報もしかりである。これらの情報はＳＮＳの話題となり、旅行会の参加募集なども、ネット情報が最速だ。ネット通販は、小売店から離れた地にも、様々なアイテムを届ける。各メーカーが、都心に本社や工場を置くことにこだわらなくなった昨今の傾向も、インフラの整備によって生まれたものだろう。

一般的に、インターネットの世界を劇的に変えたのが、通話や情報の送信を行うことにとどまらない、スマートフォンなどの携帯端末の登場だろう。携帯電話は、受話器がポケットサイズに小型化されたことによって、文字通り常時携帯が可能な機材となり、利用料を含めた価格の低廉化が、爆発的な普及に結びついた。今や誰もがスマホを持ち歩くようになり、様々な情報をリアルタイムで場所を選ばずに得ている。現代の情報交換の最大のツールとなっているのは、言うまでもなくＳＮＳと総称されるネット上に展開するサービスだろう。フェイスブック、ツイッター、インスタグラム、ラインなどと呼ばれるサービスは、現代人には不可欠の情報ツールであり、娯楽の場でもある。その一方で、それぞれのサービスの特徴となっている匿名性を利用しての個人攻撃が社会問題となっているケースもあり、インターネットというメディアの特徴を最大に生かすためにも、利用者個人の意識のさらなる向上が望まれる。筆者が、ある山小屋のご主人に「この小屋のこのサービスが、逆に一部の利用者から批判されているようですが？」と問うたところ、その答えが「私はネットは見ませんから、何も気になりません」というもので、解決法は至極簡単ではある。もっとも、そう言い切れるには、それなりの環境と自信が必要であるかもしれない。

また、官公庁、公共自治体や企業が展開するインターネット上で展開しているホームページは、従来の新聞、テレビに替わる速報性の高いメディアとして多くの人に利用されるようになった。ホームページは一般企業、個人が運営しているものもあり、それぞれに大きなメリットがあり、従来は一部の報道関係者しか知ることができなかった会社の最新情報を一個人でも自由に閲覧できるのは有益であろう。反対に、個人が運営するホームページや、一連のＳＮＳには、記事の信頼性、信ぴょう性が担保されていないという致命的ともいえる落とし穴があるのだが、それに替わるシステムが見つけられていないのが現状で、つまり、ＳＮＳなどの各種のオンラインサービスは、まだ発展の途上にあるということなのかもしれない。結局は個人の良識に委ねられるというわけだが、これは印刷媒体であれ同様で、つまりは、便利な道具の一つとしてうまく付き合っていきましょうというのが、一つの結論となる。

鉄道の世界に絞って眺めてみるならば、やはり鉄道会社や、鉄道関連の博物館が提供している公式の情報には高い価値がある。情報を出す鉄道事業者の側が、最初から「詳しくは当社のホームページをご覧ください」とアナウンスするケースも多くなり、この趨勢はまだしばらくは続くことだろう。もう一つ、忘れてはならないものに、ＹｏｕＴｕｂｅに代表されるオンライン上の動画アップローダーの存在がある。一定数の視聴時間があると広告収入が見込まれるが、今後の展開が見えにくく、これもまた付き合い方はその人次第というところだろうか。昨今は鉄道系ユーチューバーも数が増え、いたるところで動画の撮影が行われており、その一方で「スチール写真を撮るか、動画を撮るか」という悩みも少なくないようだ。実際にプロのカメラマンでも同時に両方のカメラを回している例はほとんどなく、クオリティを極めていくのなら賢明な方法ではない。鉄道趣味人にとってスチールか？　動画か？　という悩みは、しばらく続きそうだ。

鉄道模型が「趣味の王様」と呼ばれるわけ

鉄道模型を指して「King of hobby」と呼ぶものがある。文字通り趣味の王様という意味である。趣味の王様と呼ばれるゆえんはそこに様々な要素が含められ、あるいは趣味人に求められているからである。

模型を作るためには、まず実物を観察しなければならない。あるいは実物の構造を知る必要もあるだろう。模型は、製作にあたって必ず何らかのデフォルメを求められるもので、モデラーは何が許されるデフォルメで、何が許されないのかを知る必要があり、そこには気づきと学びが必要になる。鉄道模型はいわゆるプラモデルなどと異なり、動くことを身上とする以上、実物の動力機構と模型の動力機構についても知っておいた方が良い。もし、車両の模型の横にプラットフォームを添えようと考えたなら、その構造を知らなければならない。さらに駅舎を添えようと考えたなら、家屋の知識も知っておきたい。その駅を雪国の駅と設定するのであれば、屋根は急な傾斜で作らなければならないし、木造や鉄筋コンクリートなど、材質による違いも知っておく必要がある。駅に花壇や、樹木が備わって

鉄道博物館などで行われる鉄道模型の運転は、走る列車を見せるとともに、鉄道を中心とした一日の動きを分かりやすく体験してもらう意図がある。(九州鉄道記念館)

いるのであれば、そこに何を植えるのか、季節や地域性など、設定にあったものなのか? あるいは時代設定をいつとするのか?…

そしてもう一つ、鉄道模型の忘れてならない特質に、動く模型である、という一面がある。もちろん、モーターを仕組んだプラモデルや、ラジコンの飛行機、戦車なども動きはするが、鉄道模型の動きはこれらとは決定的に異なっており、複数の車両が一定のルールの下に、速度、方向を決めて動くこととなり、ダイヤ運転のような規則性のある動きを自分で作り自分で運行できることが、鉄道模型の大きな魅力となっている。そして実感的な動きを実現するために、鉄道模型ではスタイリングに制約が生じている。縮尺通りに作られた車体の内部に、モーターや多くの配線を収めなければならないのがポイントで、外観と性能を両立させるために、設計にも相応の知識が必要となることも、鉄道模型の面白さとなっている。

そういった森羅万象の全てを調べて知っておくのが、模型作りに求められる。そして、それらを把握した先には、「ジオラマ」と呼ばれる「レイアウト」作りの楽しみが待っている。レイアウトについてはあとで詳細を記すが、レイアウト作りを始めると、今度はリアルな風景を作るために、毎日が観察と学びの連続になる。こう書くと一見大変そうだが、それこそ趣味というもの。その長く複雑な過程を楽しむことに、模型作りの最大の喜びがある。だからこそそのKing of hobbyなのであって、車両を作り、風景を作り、運転をし、という一人の人間が、到底一生の間では遊び尽くせないほど数多くの楽しみ方が用意されているというわけだ。

精密な車両は手作りで

それでも、ジオラマまでをすぐに作ろうと考える人は多くはないかもしれないし、一方で、今はミニジオラマを作るキットも販売されているから、自分の好きな鉄道風景を作る工作は、その気にさえなれば意外と簡単にできてしまうものである。しかし、鉄道模型をとことん自分の世界の表現の場と考えるのであれば、やはり自作のキットに一度は挑戦してみたいものである。

メーカーが発売している製品には、完成品、キット、それから素材の3種類がある。完成品は文字通り、出来上がったもの。買ってきて、線路に乗せ、線路に電流を流せば（家庭用の交流100V電源を降圧し、直流に整流するためのコントローラーが製品化されている）、車両が動き始める。それに対し、キットは、部品がプラモデルのようなセットになっていて、これをハンダ付けや、接着剤を使用して組み立てる。材質は真鍮、プラスチック、紙など様々だが、この組み立てはプラモデルより難しい。それでもその分だけ手間暇がかかるのが楽しいというのが鉄道模型キットの味わいである。キットには一部の製品が

HOゲージ用の車庫を手作り。試行錯誤しながら自分のイメージに向けて奮闘中で、腕の見せ所である。

別売となっているケースもあり、また付属の部品だけでは物足りない人向きには、新たに部品を購入、あるいは自作して、模型をより精密に仕上げる。ここがまさに鉄道趣味人のセンスと腕の見せ所である。

これに対し、模型を完成品やキットのような半完成品に頼らず、素材から作るというやり方もあって、これを「スクラッチビルド」と称する。このスタイルが一番難しいと言えるかもしれないが、机の上などの工作スペースは金属の切り屑、プラスチックや紙の破片だらけになるのが常で、作る時間はもちろん、持続には掃除の時間も必要となる。この工作には時間がかかり、一つの作品を仕上げるのに数か月、あるいは年単位の時間を要することもある。仕事の合間に工作をするのが普通だから、これくらいの時間がかかるのはやむを得ない。この間にブランクがあったり、他の作品に手を出したりするから、鉄道の建設工事のようにスケジュール通りにはいかない場合もある。

実物の観察眼と感性

キット利用であれ、スクラッチビルドであれ、実物の車両を観察することは共通して大切である。その方法は実際に写真を撮るか、鉄道雑誌や編成表などの書籍、インターネットなどで実際の姿を知る資料とするのが定番の方法となっている。車体の色はどの部分を境目として塗り分けられているのか？ 空気や電気の配管の位置はどこを通っているのか？ 運転台窓のワイパーの取り付け位置は？ など、列車の乗客にとってはどうでもいいことが、こと模型製作となると重要なポイントとなる。曖昧な記憶には頼っていられないのである。

　ところが、これとて趣味の世界であって、思いもよらないことに傾注する人がいるものである。資料集めやそれらの分析には飽き足らず、さらにエスカレートして巻き尺を持ち出して実物車両の実寸を測る人さえいる。さすがに営業運転を行っている車両を測ることはできないが、公園などに置かれている保存車両はこの方法が可能で、管理者に許可を得た上で、実際の寸法を細かくチェックしてゆくのである。模型製作のために大切なのは、普段は目につきにくい屋根の上や床下の形状であり、こうしたことについても正確なデータを得ることで、より実物に近い模型作りができるようになる。特に屋根上は、模型では実物以上に目につきやすいから重要なポイントとなる。実は有名模型メーカーの設計者も、非常にしばしば、巻き尺を持って鉄道車両の屋根の上に上がるという。ちなみに、鉄道車両というのは意外に背丈があるため、上がるのは比較的簡単な反面、降りてくるのが難しいそうだ。

　さて、こうして苦心して得られたデータが、そのまま模型作りに応用できるかと思いきやそういうわけではなく、縮尺というもう一つの難敵が待っている。そこがまた模型の妙味で、集めてきたデータを１／80なり、１／１５０なりにデジタル機器を使って正確にスケールダウンしても、それが即、魅力的な模型になるとは限らない。これは、大きさの違いとともに、下から見上げる時が多い実物と、上から見下ろす時が多い模型という、模型というものの性格に拠るところも大きい。

ある模型メーカーがNゲージのキハ58形を模型化しようとした時に、正確に寸法を出したテストショットを作ったのだが、どう見てもその姿に納得がいかないケースがあったという。設計の仲間に見せても感想は同様で、色々と原因を考えた。そこで、試しに雨どいの位置を0・25㎜だけ上方向にずらしてみた。そのショットが出来上がった時に、設計者一同ようやく「これだよ」と呟いたという。鉄道模型の世界には、そんな妙味がある。

鉄道模型コレクションのこだわり

こうした「ものづくり」が模型本来の楽しみであったが、近年は新しい楽しみ方が加わっている。完成された製品のコレクションで、特に小さなNゲージで楽しむ人が多い。

病院内に飾られたNゲージ車両。これから診察に赴く患者さんをリラックスさせる効果もあるのだとか。（提供：植松一郎）

手のひらサイズの車両ゆえ、価格や大きさが手頃で集めやすいことが理由だが、そもそも自分の手で工作をしても、メーカーによる精密な完成品に太刀打ちするのはなかなか難しい。完成品のコレクションは、一便法であることは間違いの無いところだろう。もっとも、収集趣味というものは、その昔は切手や絵葉書、昆虫などの標本などコレクションの対象は多く、現代でも、貴金属やレコード・CDと、興味のあるグッズをコレクションしている人は多い。値段や大きさが手頃という点では共通しており、その対象の一つが鉄道模型になるというのも、自然な成りゆきにも思える。

鉄道模型のコレクションにはそれなりのこ

だわりを持つ人が多く、これまた鉄道趣味人の幅の広さがある。自分の好きな車両の形式の収集とするだけではなく、番代によって違う車両を全て揃えるとか、好きな形式であっても異なるメーカーのものも全て揃えるとか、蒸気機関車であれば全て形式を揃えるだとか、実に色々である。あるいは希少な製品は販売先まで追いかけるという人さえいる。最近はメーカーもこうしたファン層に応じる形で、イベント会場などで限定品を発売するというケースもあり、長打の列になっていることもある。これらの方法は全て需要と供給の関係の上に成立しているのだから批判されるには当たらないが、こうなると、人気イベントのチケットと同様、最初から転売を目的として商品を購入する人物も現れる。色々と考え方はあろうが、これとても方法論そのものは市場経済の上に存在しているわけで、ここでは何とも言えない。不人気の商品は当然、欲しい人は少ないからこの現象には一抹の淋しさも感じられはするけれど、私は一過性の現象と捉えることにしている。

こうしたコレクションは、さらに旅へ発展してゆくことがある。希少な在庫を買うための旅を、実際にやる人がいるのである。一番多いのは、地方の模型店などに売れ残っている商品を買うための旅である。インターネットによる情報交換が盛んになった時代に、この〝イベント〟が一部で流行した。まず、仲間うちの一人が、どこどこの模型店に貴重な商品が数多く残っている、と書き込むと、今度はその一文を読んだメンバーがグループを成して、そこに出かけてゆく。さながら時代劇に出てくる馬賊のごとく、平穏な地方の町にある日突然何かしらの集団が現れ、貴重な商品から順番にかっさらってゆくというシーンにも重なってしまうかもしれないが、そこはお互いに嬉しい趣味の世界。模型店の側にすれば、何も強奪などが行われるわけではなく、不良在庫が一掃できるのだからありがたい話である。実際、鉄道趣味人のバイヤー集団にちょっとしたオマケがサービスされることもあったようだ。

このような〝希少品買い付けの旅〟は、実は筆者の思い出にもある。友人から兵庫県の模型店にカツミ模型店製の南薩タイプＣタンクが在庫しているとの情報を聞き、次の週末に青春18きっぷを使って東京と兵庫を往復した。あれから30年が経ち、今の体力ではそんな芸当もできないが、これも良い思い出である。最近は模型店そのものが数を減らし、また変わり種の製品というものも少なくなり、そんな楽しみ方ができなくなってしまったのは、少し淋しいところではある。筆者が一日を費やして手に入れた南薩タイプＣタンクは、最近は動かす機会が減ってはいるものの、ちゃんと車両ケースの片隅に収まっていて、これを見るたびに、強行軍だった買い付けの旅を思い出す。

鉄道模型と家庭の両立

　こうして、熱くなってしまう鉄道模型の世界だが、一人の長い人生の中では中断せざるを得ない時期もあり、受験、就職、結婚というのが三大ハードルとされている。趣味者の中には試験中の休日に模型店に出かけたという猛者もいるが、ハードルそのものは、今も立派に存在していて、この三大ハードルのどこかで鉄道模型から遠ざかってしまう鉄道趣味人も多い。ただ、遠ざかってから数年、あるいは数十年を経たあとに、鉄道模型の世界に戻ってくる人が多いのも事実である。孫と一緒に模型店に出かけて「火が付いた」というケースが多く、それはそれでご同慶の至りでもあるが、子どもの頃、ただ憧れて、けれども欲しくて欲しくて仕方がなかった模型機関車を、シニア層と呼ばれるようになった今、ようやく手に入れられたというのは、一生かけて追った恋人のごとく美談であるようにも思える。中には付いた火が一気に爆発して鉄道模型の大量購入をする人もいて、これには近年「大人買い」という言葉があるから、趣味としては、何も鉄道模型に限ったことではないと言っていいのだろう。むしろ、気にしなければならないのは周囲との接し方で、昔の趣味との再会が家族との不和の原因になるようでは大人失格というもの。要は節度を持って趣味と接することである。

ただし、最近は女子鉄も激増しているけれど、この鉄道模型の世界、ご主人が齢を重ねたあとに突然模型作りを始めたとしたら、楽しみを夫婦で共有するのは大変かもしれない。すでにお互いに生活スタイルが確立されている人が多いし、火が付くタイミングが同じになる（する）のは至難。自身がモデラーとして名を馳せた漫画家の水野良太郎氏の作品には奥様がハンダ付けに夢中になり、その背後で旦那様が「スープが冷めても知らないぞ」と怒っているというシーンがあったし、コロナ禍で注目を浴びたネット配信の鉄道模型のジオラマで、男性よりも女性に人気のものがあったが、女性が見たかったのは鉄道模型ではなく、ジオラマの各所に配されて模型車両に付けられたカメラに映る猫の姿であった。所詮、趣味とはそのようなものであって、一人の世界に没頭できるからこそ気分転換になるのかもしれない。

鉄道模型用スペースをねん出する強者たち

様々な楽しみ方がある鉄道模型の一つの到達点は、レイアウトの製作と言われる。ベニヤ板などで製作した専用のテーブルの上に線路を固定し、昔で言うところの箱庭と同じように風景を作って、車両をその中で走らせるものだ。近年はジオラマという言葉が一般的になっているが、昔から鉄道模型の世界では、車両を運転できるものをレイアウト、運転することをせず鑑賞だけをするものをジオラマと定義してきたので、本書でもこれに則ってレイアウトという言葉を使いたい。

HOゲージやOゲージのように大きな模型のレイアウトを作るには広いスペースが必要で、だいたい畳1枚くらいのサイズ以上が必要になる。Nゲージなどの小さな模型では900×600㎜くらいのサイズからレイアウトの製作が可能になるが（工夫次第によってもっと小さいサイズのものもたくさんある）、どの大きさを採用しても、やっているうちにだんだん大きなスペースが欲しくなる傾向は、多くの鉄道趣味人が経験している。それゆえ、レイアウトの制作技術を追い求める以上に、この鉄道模型を動かすための専用スペースをいかにして確保するか。これこそ、鉄道趣味人全員にいつかは必ず立ちはだかる難問であり、ここに百人百様の泣き笑いがある。

アメリカのように家の敷地に十分なスペースがあり、時には地下室さえ備わっているような住居であれば何も障害は無いが、「ウサギ小屋」に住まうことが多い日本においてはそうもいかない。田舎にある実家が大きな構えで、レイアウトなど好きなように作れるという環境の人もいるが、そうなると、そもそもその建物の維持管理が課題となる。中にはレイアウト製作の部屋欲しさに別荘を持ったという人もいるが、田舎の実家ならまだしも、別荘を買うこと自体、現実的ではない人がほとんどだろう。第一、模型を買うお金を不動産に回したら、それで終わってしまう…。それでも、趣味人というものは、アイデアを尽くして色々な方法を考え出すものである。

鉄道模型のレイアウトは、忙しい毎日の中でほんの少しだけ生まれた空き時間でくつろぐために製作するものだから、やはり毎日の生活の拠点の身近な場所で行うのが本分である。その中で、シニア層に達した人に多いパターンが「子どもが独立したあとの空き部屋をレイアウトの部屋にした」というもの。これならむしろ空き部屋の有効活用とも言え、一番無理の無い方法だ。ただし、気持ちよく鉄道模型の生活を楽しんでいたら子どもが出

自分の好みの風景を作ることができるロフトのレイアウト例。(提供：青森恒憲)

戻ってきたという実例も報告されている。レイアウトを作るにしても、いざという時に備えて素早い撤収を可能にしておいた方が良いかもしれない、…と考えるかどうかは、アナタ次第である。

もう一例。長く住んでいると家を改修する必要が出てくるが、この時に最初から鉄道模型の部屋を設けることを画策した人もいる。増築される部分の一番使い勝手が悪い場所を趣味の部屋に充てたというわけだ。だいたいにおいて鉄道模型を鎮座させようとする部屋は、模型に興味がない家族にとってはデッドスペースと目されることが多いから、あまり良い環境が与えられないのが常。この時に改修によって生み出されたスペースは、形は正確な長方形ではなく、部屋に入る時もかがんで入らなければならなかったほどの小さな空き空間であったことが幸いした。それはまるで忍者屋敷のようであったが、一度入ってしまえばこちらのものなのだから何も問題は無い。それに、少しくらい不思議な形をしていた方が秘密基地らしくて気分は良いらしい。

近年はロフトが付いた家も多いから、本来は荷物用として作られたこのスペースを鉄道模型に充てるというのも賢明な方法と言えるだろう。鉄道趣味の大先輩であった「ロンちゃん」こと吉村光夫氏もロフト派で、鉄道模型の運転を楽しむ時は、ハシゴを登ってロフトに潜り込む。その他の鉄道模型はといえば、居間のキャビネットの上に、湘南電鉄１形の大型模型が一つ置かれてあるだけだった。前述の青森恒憲さんもロフト派で、ハシゴを登った先にはドイツの風景が広がっている。増備されている車両は蒸気機関車が中心で、家の中のこのスペースだけ、別の時間が流れているというわけだ。

ロフト活用などというハイカラなことをやらなかったのは、作詞家の関沢新一氏。屋根裏ではなく、なんと家中の部屋の壁沿いに細い棚を設え、鉄道模型が家の中を周回するように仕立てた。氏の「趣味とはエスカレートするもの」という言葉そのままに、鉄道模型の線路は部屋を周回するにとどまらず、食器棚の裏をすり抜け、なんとトイレへもレールを敷設した。その様子はテレビ番組で紹介されて話題になったが、アナウンサーの「凝っていますね」という問いかけに、関沢氏は「凝っているのは肩くらい」と答えたが、さすがに用を足す時すら鉄道模型を眺められる家は、そう多いとは思えない。

この他、色々な例を見ると、レイアウト用スペースは家の中の至る所、様々な場所や空間がある。天井裏、床下（ただし、どちらも補強が必要）、庭、ガレージの一部、ベランダ、鴨居の上など、あらゆる部分を利用している。鴨居の上の部分などは確かに身近なデッドスペースで、この部分に模型を動かす棚を作るわけだが、いつも走っている車両を見上げてばかりいるわけにいかず、車両を上から眺めたいがためにテニスの審判が使用する脚の高いイスを購入した人もいた（さすがにこのイスが鉄道模型屋で売られたはずはない。一体、どこで手に入れたのだろう?）。

こうした多くの鉄道趣味人が実体験で教えてくれているのは、要は熱意があれば、スペースはいかようにもなるということだ。ただし、生活に環境の変化はつきものだから、必要があれば速やかな撤収が可能で、その上で随時趣味活動の再開が可能なように工夫しておくのが、一つのコツと言えるかもしれない。

ちなみにロフト利用の場合、ハシゴはロフトの上から操作が可能なようにしておくことを忘れてはいけない。「ロフトに上がったら、お父さんは降りてこない」と、家族から意地悪されてハシゴを外されてしまった例が…。まぁ、これは極端かもしれないが、「週末の夕食後にロフトに上がって工作を始め、気がついたら窓の外が明るくなっていた」と昔話をしてくれた鉄道趣味人がいたが、その語り口は本当に楽しそうなものだった。

第5章

鉄道趣味人の終活

そもそも終活って何だろう?

最近、「終活」という言葉をよく聞く。かってよく使われた「就活」、すなわち就職活動を略した言葉と同音だが、「終活」とはは人生の終わりに向けての活動を指しているという。当然ながら趣味人も人生の最後には必ず死ぬから、趣味の終活も実際に存在する(していた)はずだが、なぜかこれがなかなか語られることが無かった。そこで当章では、あえてこの終活を趣味の視点からまとめてみたい。

この終活、一般的には遺言をしたためるとか、辞世の句を用意するということではない。一般社団法人終活カウンセラー協会では「人生の終焉を考えることを通じて、自分を見つめ、今をより良く自分らしく生きる活動」と定義している。つまり、単に白装束を用意するということではなく、残された時間のもっとも有意義な活用法を模索するという意味合いであるようだ。そうでなければ困る。確かに人生はいつの日か終わりを迎えるものであるけれど、鉄道趣味人はまだやりたいことも色々あるというのに(むしろこれから、という気持ちさえある)、退場の準備ばかりを急いで進めるわけにもいかない。

しかし、同じ局面を迎えるにしても、準備万端整えている人と、行き当たりばったりで生きている人では人生の行く末が異なるというのも真理で、それが分かっているのであれば、最後の章は人生のベテランらしく、あとを濁さないスマートなスタイルで生き抜こうと決意するのも、それはそれで鉄道趣味人らしい生き方と言えるかもしれない。

そこで、まずは巷でよく語られている終活について。「まず、これまでの人生を振り返り」、「感謝すべき人をリストアップし」「就活ノート（エンディングノート）を書く」というものが代表的だそうだ。この中で特に考えておかなければならないのは、３番目だろう。これは、用意したノートに現在の状況を書き記し、これから進めてみたい仕事も書き残しておくのが大切な仕事となる。将来の計画を文章にして明確に残し、自らの指針を定め、もしもその仕事の半ばに自分が世を去ることになったら、その思いを遺族に伝え、理解の一助とする。そして、もう一つ大切な作業となるのが、自分の財産を書き残しておくことである。埋蔵金のありかが明記されていれば遺族は大喜びということになるが、莫大な遺産が無くとも、洋服１枚からリストを作っておくとよい。このリストが法螺話となってしまっては何の意味も無くなるから、頭脳明晰なうちに作業に着手しておく。そのあとの変更があれば、それは随時書き換えていけばよいだけである。有価証券の有無、会員権などの有無を記載する。銀行のキャッシュカードについては、暗証番号を明記し、これは簡単に流出してはならないデータだから、大切に保管する。一説には冷蔵庫の中が保管に適しているといわれ、これは所有者の死後に必ずチェックされる場所だからというのがその理由だが、この一文を読んだ空き巣狙い（というのが、いるのかどうか）に忍び込まれたら悲惨なので、そこは各自の判断に委ねたい。小説『ダ・ヴィンチ・コード』では、死者の姿に残された者へのメッセージが秘められているのが分かり、この解読が物語前半のヤマとなっているが、もし解読されなかったら貴重なメッセージはもくずとなってしまうので、解読の難易度が高い方法は禁物である。このサジ加減も、各自に委ねたい。

価値を伝える情熱と知識

こうした一般的な終活について、鉄道趣味人に例えて言うと、当然、趣味関係の物も含まれる。含まれるというよりは、むしろ大量にある。となると、一つ難問となるのが、当の本人にとっては大きな価値であったものが、他人にとってはガラクタ同然というものが実に多いことだ。ここに、趣味の終活の難しさがある（これまであまり語られなかった理由の一つかもしれない）。

人生が終われば、趣味の品々は処分されてしかるべきである。事実、高齢に達した方が、後輩に自分の趣味の品を譲るという話は、これまでもよく耳にした。だいたいにおいて、ディープな趣味の品物とは、価値の高いものほどそれを理解してくれる人も少なくなるものだ。これは鉄道物に限らず、美術品や古文書にしても同様であろう。本人にとってみれば、大変な手間と費用をかけて入手した逸品が、その価値を理解しない人にガラクタ扱いされてしまったのでは、その品物にとっても悲しい話になると思う。それだけではなく、ひょっとして本当に知られざる価値があったものかもしれず、そうなるとこれは文化の喪失でもある。全ての物を後世に継承することが不可能であったとしても、自分の一里塚は残しておきたいものだろうから、それらの品物を、確かな方法で後継者に譲渡するのは、一番考えられる望ましい方法と言えるだろう。

ところが、鉄道趣味人の物は一筋縄ではいかない現実がある。ある鉄道趣味人の先輩は、自らが生前のうちに、撮りためた膨大な写真を博物館に譲渡することを申し出たのだが、博物館の側から断られたという。その写真コレクションがあまりにも膨大すぎたためで、その価値は十分に認められるものの、博物館の側にそれを受け入れる体制が整っていないと判断されたのだそうだ。この例が物語るのは、やはり鉄道趣味人の活動は広く深いという現実で、実に多くの人が多くの物を今も持っていることを示唆している。それゆえ、価値の判断も難しくなるだろう。なにしろ、鉄道会社や地方自治体ですら引退した車両を保存すべきか否かが大きな問題となっているほどである。

ではどうするべきか。このような状況に陥ることの無いよう日頃から手立てを考えておくのが、鉄道趣味人の終活の中心であると思う。親しい人とも相談しておくのもいいだろうし、前述の写真コレクションの例で言うと、写真それぞれに概要が分かるようなメモを残しておけば、その価値も他人に客観的に伝えられるので、価値があるものだけでも博物館が引き取ってくれたかもしれない。デジタルデータを残しておくというのも、一つの解決法となるだろう。

もう一つ大切なのが、譲り受けた側の労力である。個人の収集レベルとは少し違うかもしれないが、これには車両保存を例に挙げたい。

車両をそのまま残す、それも屋根などを設置した状態で守り、定期的に保守をするとい

九州鉄道博物館で保存されているキハ07系。昭和12年製とは思えないほどキレイに見える。戦前の代表的な機械式気動車だが、美しく保存されているゆえ当時の構造を今に伝えることができる価値は大きく、後世にその技術史を伝えることができる。つまり、未来の新しい技術が生まれる素になるかもしれないのだ。

うのが理想的だが、これが実に労力が必要で難しい。例えば九州鉄道記念館の保存車両はどれもピカピカに磨かれており、その向こうに見える現役の車両よりも美しく見えるほどだが、これは第2章に登場していただいた宇都宮照信さんのご尽力によるところが大きい。氏は毎日2時間をかけ、それぞれの車両を磨いており、必要に応じた修復も続けられている。熱意と情熱に加え、愛情と知識が保存車両を美しくしているのだ。ところが、一般的にはそうはいかない。保存された鉄道車両は全国に散在していてその状態はまさに千差万別だが、優れた保存状態にある車両には、こういった好きゆえ熱意がある鉄道趣味人がいるものである。ただし、これだけの手間がかけられている保存車両というのは、極めて少ない。全国にある蒸気機関車の静態保存車両がいい例で、最近、経年劣化が著しいものも多く見受けられるようになっていると年配の鉄道趣味人の間でも話題になっているのだが、国鉄の蒸機機関車が廃止になってはや45年以上の年月が経過しているので「ついにそういう時代が訪れた」と認めざるを得ない。一時代を築いた車両を少しでも多く、少しでも長く保存してほしいと考えるのも鉄道趣味人の心情ではあるが、撤去するのもそれなりに費用がかかるだろうし、保存した車両が崩壊するようなことがあれば、これは見学者に怪我を負わせてしまうこともあり得るなど、何かと心配になってしまう。また、蒸気機関車に限らず、誰もその価値を語らなかったがゆえに消滅した車両もある。その一つが80系電車だった。正面を半流線形にしたこの系列の2次車は「湘南電車スタイル」と呼ぶ正面2枚窓のスタイルを確立させ、後続の鉄道車両に大きな影響を与えたエポック的車両なのだが、結局、実車は1両も保存されていない。その正確な理由は定かではないが、色々な人に訊くと、現役時代はありふれた存在だったため、「どこかに残っているはず」と多くの人が誤認していたことが遠因のようだ。もし、率先して鉄道趣味人たちが連携してその価値を早く分かりやすく世に示していれば、80系も1号機関車のような奇跡の一両になったかもしれない。その意味でも、鉄道趣味人たちの存在は大きいと信じたいのである。

80系二次車。実車は一両も現存していない。

譲る側も譲られる側も、趣味を文化として受け継ぐには何かの情熱が必要だ。大きな車両を片っ端から保存することも物理的に不可能な話で、地球上を保存車両で埋めてしまうことはできないから、今後はデジタルデータで保存するという方法が考えられるだろう。実際の保存車両は1両に限り、あとは細かなデータを残して、必要があればいつでもそれを再現できるという方式を確立しておくのも一つの方法だろう。

みんなで残す

先人が残した鉄道の遺品を、受け継ぐ側にとってはこれを活用し、さらに次世代に継承する体制があることが理想だ。ところが現実には趣味との関わり方の違い、コレクションの価値の認識には個人差があるため、扱い方の熱量に差が出てしまうのは、やむを得ない話である。ボランティア活動に熱心な人と、そうでない人の間に温度差が生まれ、これが人の間の断絶を生むというのはよくある話だ。人生を楽しむための趣味が、人生を苦しめる材料になってしまっては本末転倒である。

これは様々な外国の事例に学びたい。イギリスには保存鉄道が数多くあって、自分ができる範囲で鉄道運営にボランティアで携わっているし、アメリカでは家族総出で保存鉄道に出向き、老若男女それぞれが自らの好む方法、例えば線路周辺の雑草を刈るなどで一日を過ごし、かつ文化財の保存に貢献している例がある。人間が「燃え続けて」いられる時間には限界があるから、誰もが無理なく活動を続けられる環境が望まれるが、これは受け入れる側も知恵を絞るべき課題となる。日本では、こうした環境づくりは時間が必要とされるものと思われるかもしれないが、最近は兵庫県の別府鉄道の車両保存のように、民間、あるいは鉄道趣味人の有志によって保存車両が修復される例も見られるようになった。クラウドファンディングを立ち上げて予算を調達する方法もあるし、大切なのは参加者の誰もが無理なく活動を続けられる環境づくりを進めることで、グループでの活動であれば、参加者の間に温度差を認め合うことが大切だろう。ここでも、やはり鉄道趣味人の存在が求められるのである。

この他、現在は地方自治体やＮＰＯが主体となって、廃線跡を活用する方法を模索しているケースがあり、廃線跡を「レールサイクリング」のコースに転用して集客している所も複数あって、鉄道遺産活用の成功例となっている。鉄道趣味人としては、このような団体に積極的に参加するのもいいだろう。長年の趣味活動で蓄えてきた専門的な知識を、今度は社会に貢献する活動に結びつけてゆくことができるのは、鉄道趣味人として望外の喜びでもあると信じている。

ある鉄道会社では、自社の創業期に働いた蒸気機関車を保存しているが、これに従って使用された客車は反対に保存されることも無く、解体されてしまった。広報担当の方が「客車が解体された時は、まだその価値を認める空気が無かったのです。時代が追いついていなかった」と悔やんでいたのを聞いたことがあるが、文化的価値の創出と、その遺産の継承は、鉄道趣味人ゆえにできることでもあろう。こういった社会の空気は、大事にしたいものだし、それが先人へのリスペクトにも繋がると思う。

価値を付けるか、あえて捨てるか

鉄道車両とは違い、個人の所有物はどのように扱われるべきだろうか。例えば鉄道の写真や模型、コレクション物である。家族に理解があり当初からこれを譲り受ける意志があるのであれば問題は無いが、家族に理解が無く所有物を後世に残したいとした場合は、色々とやっておくべきことがある。

一番手っ取り早いのは前述の通り、仲間、後輩への譲渡だろう。これはこれまでも行われており、先輩諸氏の写真などを引き受けて管理している鉄道趣味人はいる。すべてを引き受けるケースもあるが、それがあまりにも多い場合は、価値がある写真をセレクトして引き受けたりしている。いずれにしても他の鉄道趣味人との連携が大事で、そのジャンルに理解と愛情のある人を身辺のみならずＳＮＳなどのネットワークを生かして見つけておくのも良いだろう。遺品の数が膨大なものとなれば、管理の労力と必要とされる物理的なスペースも求められることになるからそれも勘案しておく。

ただ、その一方でこういう鉄道趣味人もいる。家族に対して「私が死んだら、全て焼き捨てろと遺言してある」と…。これは一見、対義的ではあるが、終活が意味する「自分らしさ」という点では筋が通っている。すっきりした割り切り方ではあると思う。

ここは、クリエイターの作品の保存例に学びたい。プロカメラマンの伏見行介さんは広告写真の撮影を本業とし、鉄道趣味の世界とは縁が無いものの、日本写真家協会（ＪＰＳ）で理事を務めている方だ。

「広告写真の世界では、自分が撮ってきた写真を体系的に保存しようという考え方は希薄です。そもそも広告写真とは、最初から消耗品と考えて撮影されるもので、仮に昔の写真が保存されていたとしても、権利の関係、クライアントとの関係などから、これを発表する機会が与えられる例は、ほとんどありません」と伏見さんは前置きした上で、「私の師匠である長友健二さんの写真は、氏の故郷である延岡の方で保管するという話がありました。ですから、鉄道の写真であっても、地域性のあるものであれば、その地方の博物館が引き取ってくれるというようなケースも考えられるでしょうね。もしも、アマチュアの方が、自分の作品を後世に残したいと考えるのであれば、作品を誰が見てもその価値が分かる形にまとめておくといいでしょう。写真のキャプションや、添付される文章もあれば、なお良いと思います。今、アグネス・ラムさんの写真が再評価されていますよね。そういった具合に、過去の写真であっても、その魅力が十分に伝わってくるのなら、時の流れを超えて、次の世代で復活することもあり得る。そんな作品が続々と出てきたら、それも楽しいのではないかと思います」と言葉を続けてくれた。

やはり、自分の撮った写真を他人に分かるように整理して、その価値が誰にも分かる作品として残しておくのは、あらゆる解決策の第一歩のようだ。この手法は、鉄道趣味人の終活でも応用ができるだろう。

また、終活というよりは来たる終活に備えての前準備、とでも言うべきかもしれないが、今から自分の身の回りにある品物を、少しずつ整理して生活してゆくという方法もある。

「確かに終活の問題は、歳を取るごとに少しずつ気になっています。個人の財産であれば、例えば雑誌であれ、写真であれ、ある時期が来た時に人に譲ればよく、それが嫌であれば、自分の死後に処分してもらえれば済む。ただ、本当にそれだけでいいのか？　昔の鉄研の仲間と集まった時に、財団のようなものを設立できればいいのだけれどと、話し合ったことがありま す」と話すのは、第３章にご登場いただいた岡本文彦さんだ。これは「言うは易く行うは難し」の典型となるのかもしれないが、何か新しい方策を見つけ出したいものである。ただ一つであっても、成功例が生まれればそれでいい。それで社会の仕組みが変わるきっかけになるのだから。

もう一人、旅行ライターのＮさんは、独り暮らしとなってまず始めたことは手持ちの資料、書籍のスキャニングだった。本を１ページずつパソコンに読み込ませて、ＰＤＦとして保存するのである。全ての資料のスキャニングには「数年かかった」というが、根気よく作業が続けられた結果、情報の検索が瞬時に可能に

デジタル写真はすぐに数が増えてゆくので、撮影と整理は同じ作業として進めておくのがコツ。

なっただけでなく、家の中のかなりのスペースが自由な空間となった。スキャンデータが消失しないように常にバックアップを取ることは重要だそうで「PDFは本より見づらくないですか?」と言う私の質問に、Nさんは「両立はできないと割り切ったから」と笑いながら教えてくれた。Nさんは集中力が持続する午前中に仕事を終え、午後は鉄道模型の製作に充てている。部屋は広く「私の引っ越しは2時間で終わる」とも言った。実際、筆者はNさんの引っ越しを手伝ったことがあり、作業は結局一日がかりとなったものの、トラックをチャーターする必要は無く、力仕事とは無縁の楽な引っ越し作業となったことを覚えている。人生の最後の何年かに全てを求めることはせず、一番必要とされるものだけに囲まれて暮らしてみるのも、なかなか優雅で格好の良い生き方ではないだろうか。

最後は大局的に自分らしく

鉄道趣味人の終活に際して、こうして色々な例を見てみると、「破棄」か「譲渡」かに、大きく分かれることになるが、やはり「自分らしさ」を第一義にして、いずれを選択するにしても、準備は必要であることは確かだ。それも周到な方が良い結果を生む。そのようなことは長く生きてきた人にとって当たり前のことなのだが、こと終活となると、二の足を踏むというか、億劫になることが多いかもしれない。今が楽しい、死ぬための準備などしたくない、という鉄道趣味人だって大勢いることだろう。それでも、例えば誕生日であるとかの区切りの日に人を集めてパーティーを開き（米寿などの区切りであれば、より人が集まりやすくなるし、最近ではリモートなどでも開くことができる）、その席で必要と思われることを伝授しておくくらいのことは、やっていいと思う。

では、膨大なコレクションはどうするか。

書籍、模型などの遺品は、重く、嵩が張るだけに処分をするとなると大変だが、価値があるものであるならば、慌てて捨てることはせず、好きな人に譲るくらいの割り切りがあっていいと思う。作家の吉村昭氏は、ことさら蔵書を増やすことはせず、必要が無くなったと判断した資料は積極的に古書店に譲ったという。それは古書店店主の「貴重な資料は、できることなら死蔵することはせず、世の中に出して、それを欲しいと思う人の手に渡してください」という言葉に従ったものだった。そのように考えることができるなら、

筆者も本棚を整理。現在は、必要な資料を上段に、リファレンスの類は下段に常に置いている。効率のいい並べ方は、その人によって違う。

鉄道趣味人だってひとりひとりが微力ながら文化の発展に寄与することになる。もし、一度手放した資料が必要になった時は、買い戻してもよいのである。古い資料が必要とされる機会が訪れたのだから、それはそれで素晴らしいことだ。

また、一方で販売するという方法もありはする。中古模型の販売店に運び込むとか、より広い受け手を探してネットオークションに出品するとか。こうなると対価を得られるが、年配者にとってはなかなか面倒な作業であるのも事実だから、手間をかけないのであれば何らかの譲渡が賢明な選択肢とはなりそうだ。

最後に、終活の落とし穴を一つ。デジタル化して記録するにも、ネットオークションなどで販売するにも、気をつけたいものにパスワードなどのデジタルの世界の遺産処理がある。クレジットカードの解約などが典型なのだが、今やネット社会のデータは本人しか把握していないものも少なくないから、コレクションの遺品と同等で扱うことも必要になる。一例には、死亡後も口座から引き落としが継続されたものを遺族が発見したが、その出自がなかなか分からず、散々苦労して突き止めたのがレンタルサーバーの契約であったという実例もあって、遺族はアクセスパスワードを知らなかったことが事態を複雑にした。本人確認の方法は、パスワードだけでなく、指紋、顔認証という方法もあって、ますます複雑化している。各種のパスワードはどこかにきちんと書き残しておくこと。これは『ダ・ヴィンチ・コード』の現代版というところだが、小説とは異なり、誰にでも起こり得る状況であることを忘れないでおきたい。

鉄道趣味人もいつかは死ぬ。結局は一人一人の自分らしい考え方次第になるが、吉村昭氏が古書店店主の言葉に動かされたように、大局的な視野に立って行動したい。残すも結構、破棄も結構。ただ、ひょっとして後世に役に立つかもしれない、という未来へのささやかな伝言も忘れずにおきたい。

未来へ伝えたい鉄道書100

筆者の鉄道書の蔵書約3000冊の中から、鉄道趣味人なら一度は読んでみたい100冊をセレクトしました。すでに読んだ本とか、タイトルは知っているけど読んでいないとか、初めて知る本とか、色々あるはずです。独断と偏見もあるかと思いますが、豊かな鉄道趣味ライフのご参考に！

	タイトル	よみがな	著者	初出	版元	解説
1	汽車汽船旅行案内	きしゃきせんりょこうあんない		1894	庚寅新誌社	日本で初めての月刊時刻表で東京の庚寅新誌社（こういんしんししゃ）が1894（明治27）年に発行した。今日では復刻版も発売され、明治の鉄道旅行に思いを馳せることができる。
2	トロッコ	とろっこ	芥川龍之介	1922	実業之日本社	熱海軽便鉄道建設時の姿を子どもが垣間見るという短編小説。大人の世界に引き込まれていた子どもが我に返り、恐怖感に駆られるという設定が、読者から様々に解釈されたことで知られる。
3	オリエント急行の殺人	おりえんときゅうこうのさつじん	アガサ・クリスティ	1935	柳香書院	雪に閉じ込められた豪華列車という「密室」の中で殺人事件が起こる。誰が犯人であれアリバイが成立するという謎が、探偵の最後の言葉で解き明かされる。鉄道ミステリーの名作。日本での初翻訳は『十二の刺傷』というタイトル。
4	カメラと機関車	かめらときかんしゃ	吉川速男	1938	玄光社	古く1938（昭和13）年に発行された鉄道写真集。カメラにはライカを使用し、鉄道趣味の黎明期に多くのファンの指標となった。1993（平成5）年に復刻版が発売されている。
5	汽車の罐焚き	きしゃのかまたき	中野重治	1940	小山書店	鉄道で働く人々の姿を通して、人間の在り方を問うたプロレタリア文学の傑作。蒸気機関車の運転の過酷な姿の描写には、鉄道趣味人ならずとも、心を打たれることだろう。
6	指導物語	しどうものがたり	上田廣	1940	大観堂書店	中野重治の「汽車の罐焚き」とともに、鉄道を舞台にしたプロレタリア文学の代表格。鉄道連隊の兵士への機関士の指導を描いた表題作など5編を収めた単行本として刊行された。
7	岩波写真文庫シリーズ	いわなみしゃしんぶんこしりーず		1950	岩波文庫	1950（昭和25）年から1958（昭和33）年まで286冊が発行された写真集シリーズ。B6判64頁という小さなサイズだが、鉄道も度々採り上げられ、貴重な史料となっている。
8	阿房列車シリーズ	あほうれっしゃしりーず	内田百閒	1952	三笠書房	鉄道趣味人としても知られた作家、内田百閒の鉄道紀行文であり、生きることの切なさを謳った随筆。用事が無いのに東京と大阪を往復した第一作が好評で、続編も発表された。

	タイトル	よみがな	著者	初出	版元	解説
9	鉄路絢爛	てつろけんらん	青木槐三	1953	交通協力会	「鉄道記者」として名を馳せた著者の代表作の一つ。古き良き時代の鉄道でリーダーを務めた人たちの純粋で過酷な生き方を描く。鉄道員の素晴らしさを再認識できる一冊だ。
10	国鉄蒸気機関車小史	こくてつじょうききかんしゃしょうし	臼井茂信	1956	鉄道図書刊行会	国鉄に在籍した蒸気機関車の変遷を黎明期から追った資料性の高い書籍。機関車をタンク機、テンダー機に分け、形式ごとに紹介しているため、辞書的な使い方ができる。
11	点と線	てんとせん	松本清張	1958	光文社	松本清張の出世作。舞台には清張が土地勘を持つ北九州が選ばれ、当時の鉄道ダイヤを利用してトリックが組み立てられた。特急「あさかぜ」が発車する東京駅から物語が始まり、ホームを見渡すシーンも話題になった。1957年連載が初出。
12	七時間半	ななじかんはん	獅子文六	1960	新潮社	東京～大阪間が列車で7時間30分を要していた時代の、東海道本線特急を舞台にしたコミカルな小説。列車乗務員が多数登場し、当時の特急列車の姿を偲ぶことができる。
13	定本　日本の秘境	ていほんにほんのひきょう	岡田喜秋	1960	創元社	編集者としても長く活躍した紀行文作家の代表作。本作品に登場するのは昭和30～40年代の日本。鉄道はほとんど登場しないが、わずかに登場する木曽森林鉄道の描写が秀逸。
14	空旅・船旅・汽車の旅	そらたび・ふなたび・きしゃのたび	阿川弘之	1960	中央公論社	乗物好きとして知られた著者のエッセイ集。タイトルの通り、様々な乗物を舞台にして綴られた短文には、小説では味わえない爽快感がある。もちろん鉄道ファンにもお薦め。
15	箱根山	はこねやま	獅子文六	1961	新潮社	箱根の観光開発に翻弄される老舗旅館や若者たちの騒動を描く。実際にあった東急と西武による箱根観光開発の熾烈な争いが物語のバックボーンになったといわれている。
16	カラーブックスシリーズ	からーぶっくすしりーず		1962	保育社	様々な趣味をテーマにしたシリーズで、簡潔な文章と写真で構成。「日本の鉄道」「日本の私鉄」ほか、カテゴリーごとに文庫本サイズ１冊にまとめられ入門書として好適。このシリーズに育てられた鉄道少年も多いはず。
17	ミキスト	みきすと	山崎喜陽	1962	機芸出版社	月刊『鉄道模型趣味』に毎月掲載された編集主幹の随筆集。鉄道模型が主な対象ではあるが、時に模型だけではなく、鉄道、あるいは趣味人の生き方に対しても一流の評論が展開される。
18	写真で見る客車の90年　日本の客車	にほんのきゃくしゃ	日本の客車編さん委員会	1962	鉄道図書刊行会	日本の鉄道黎明期から国鉄20系客車まで、日本の客車の発展の歩みと、主要形式のプロフィールを紹介。1962（昭和37）年の発行後、復刻版が発売されている。
19	電車のアルバムⅠ・Ⅱ	でんしゃのあるばむ	星晃, 久保敏 編	1962	交友社	創成期の木造電車から951形新幹線試験電車まで、国鉄を中心にしてわが国の電車の発達を追ったアルバム。バラエティ豊かな電車の姿は、見ているだけで楽しい。

	タイトル	よみがな	著者	初出	版元	解説
20	鉄道	てつどう	本島三良	1963	鉄道図書刊行会	著者は日本の鉄道趣味の草分け的存在。昭和初期から昭和30年代に撮影された写真が収められた鉄道写真集で、資料的価値も高い。書籍後半に収録された随筆も読みごたえがある。
21	蒸気機関車スタイルブック	じょうきききかんしゃすたいるぶっく	機芸出版社	1963	機芸出版社	国鉄の主要蒸気機関車の形式写真を、横開きの大型の書籍に収め、美しい形式図と主要諸元を添えたガイドブック。模型製作用の書籍ではあるが、蒸気機関車の魅力が溢れている。
22	機関車ガイドブック	きかんしゃがいどぶっく	荒井文治,臼井茂信,杉田肇	1963	誠文堂新光社	国鉄の車両を車種別にガイドしたシリーズ。この他にも国鉄電車、気動車、客車・貨車などガイドブックがある。形式写真と図面、簡潔な解説で、昭和の鉄道少年に夢を与えた。
23	国鉄	こくてつ	青木槐三	1964	新潮社	新聞記者ならではの評論集。著者の後年の作品で、記者としての経験を生かして綴った当時の国鉄への評論という色合いが強い。切れ味の良い筆致が読みどころ。
24	明治の汽車 鉄道創設100年のこぼれ話から	めいじのきしゃてつどうそうせつひゃくねんのこぼればなしから	永田博 編	1964	交通日本社	明治の鉄道創業期以降、まだ鉄道という交通機関に国民が馴染んでいない頃の様々なエピソードを集めた書籍。車両だけではなく、当時の東京の街の様子なども紹介されている。
25	列車ダイヤの話	れっしゃだいやのはなし	阪田貞之	1964	中公新書	列車の運転ダイヤについての解説書。列車ダイヤがまだ人の手作業によって作成されていた時の関係者の苦労話も含め、一般の人間が知らない勘所が解りやすく説明されている。
26	陸蒸気からひかりまで	おかじょうきからひかりまで	片野正巳 画,赤井哲朗 文	1965	機芸出版社	『明治の機関車コレクション』と同じ機芸出版社から発行されたペン画集。鉄道黎明期から新幹線開通まで、国鉄を代表する車両を時代を追って紹介。解説文も簡潔で解りやすい。
27	ちんちん電車	ちんちんでんしゃ	獅子文六	1966	朝日新聞社	「東京の乗り物の中で都電が一番好き」と語る著者の、乗り物に関するエッセイ。なぜ都電が好きかを語る長い口上にも、好きな者同士が理解できる符丁を読み取れる。
28	旅路	たびじ	平岩弓枝	1967	東京文芸社	北海道に住む国鉄職員一家の生きざまを描いた小説。のちに朝の連続ドラマとして放映され、映画化もされた。鉄道員の仕事に対する真摯な姿勢が多くの読者の共感を呼んだ。
29	新日本鉄道史	しんにほんてつどうし	川上幸義	1967	鉄道図書刊行会	日本の鉄道の通史。上下二分冊での発行で、上巻に東海道・山陽筋の、下巻にその他の路線の歴史を紹介する。機関車の発達過程、運転の変遷にも重きを置いて記述されている。
30	高熱隧道	こうねつずいどう	吉村昭	1967	新潮社	著者の初期を代表する長編小説の一つ。黒部川上流の発電所建設に携わった技術者たちのトンネル掘削にかける情熱を描く。トンネルは関西電力黒部専用鉄道上部軌道として今も健在だ。

	タイトル	よみがな	著者	初出	版元	解説
31	日本鉄道請負業史	にほんてつどううけおいぎょうし	土木工業協会	1968	日本鉄道建設業協会	鉄道建設を請け負った業者の側から綴られた鉄道建設の歴史。路線ごとにまとめられ、鉄道建設の苦労が、具体例を挙げて語られている。明治、大正、昭和を3冊で紹介している。
32	明治の機関車コレクション	めいじのきかんしゃこれくしょん	交通博物館所蔵	1968	機芸出版社	本書の巻頭でも紹介した「岩崎・渡邊コレクション」の中から、機関車の写真を集めて編纂した写真集。形式写真の数々は明治期の機関車の姿を伝える一級の史料となっている。
33	滅びゆく蒸気機関車	ほろびゆくじょうききかんしゃ	関沢新一	1968	ノーベル書房	作詞家、脚本家として活躍した関沢新一の著作の一つで、こちらは純然たる写真集としてまとめられている。それでもそのカメラワークは独特で、旧来の鉄道写真に飽き足らない著者の意識が滲んでいる。
34	汽車がゆく、だから僕も…	きしゃがゆく、だからぼくも…	関沢新一	1969	毎日新聞社	関沢のエッセイ集。鉄道模型、鉄道写真の世界での実績もある関沢の趣味感や人生観を窺える。鉄道趣味人なら何度読んでも感銘を受ける一冊。
35	日本国有鉄道百年史	にほんこくゆうてつどうひゃくねんし	日本国有鉄道総裁室修史課	1969	日本国有鉄道総裁室修史課	現在のJRの前身である国鉄が、自身の100周年を機に編纂した社史。社史としての性格上、特殊な記述も見受けられるが、収められている情報は膨大で、読み物としても面白い。国鉄を知る基本資料でもある。
36	汽車	きしゃ	中村由信	1969	河出書房新社	人物、ドキュメンタリーなど幅広いジャンルで活躍したカメラマンの、鉄道をテーマにした写真集。オーソドックスな構図が多く、見る者の心をくつろがせる安定感がある。
37	日本の内燃車両	にほんのないねんしゃりょう	日本の内燃車両編さん委員会	1969	鉄道図書刊行会	内燃車両、すなわち、気動車、ディーゼル機関車などをテーマにして刊行された書籍。やはり日本における発達史と、主要車両の解説がなされている。
38	蒸気機関車記録写真	じょうききかんしゃきろくしゃしん	西尾克三郎	1970	交友社	西尾克三郎撮影の写真を集め、1970（昭和45）年に発行された蒸気機関車の写真集。日本の蒸気機関車の最晩年の時代に発行された大判の写真集として注目された。
39	懐想の蒸気機関車	かいそうのじょうききかんしゃ	久保田博	1970	交友社	国鉄に勤務し、長く第一線で蒸気機関車の保守、運転にも携わった著者による国鉄主要蒸気機関車への評論。いたずらに理論が先行せず、自身の回想も織り交ぜて綴られている。
40	鉄道賛歌	てつどうさんか	けむりプロ編	1971	交友社	鉄道写真集の名作。北海道や九州の炭鉱鉄道、海外などにテーマを求め、車両の写真だけではなく線路のある風景、連結器にとまった雀までをカメラに収め、鉄道の魅力を謳う。
41	鉄道先人録	てつどうせんじんろく	日本交通協会 編	1972	日本停車場株式会社出版事業部	日本の鉄道の発展に寄与した私たちの先人たちのプロフィールを紹介した事典。人名が五十音順で記載され、検索がしやすい。明治、大正、昭和の強者たちが続々と登場する。

	タイトル	よみがな	著者	初出	版元	解説
42	地図のたのしみ	ちずのたのしみ	堀淳一	1972	河出書房新社	物理学の研究者であった著者が、自身の楽しみである地図、ことに地形図を見ることの楽しさを綴った名作エッセイ。特に廃線跡探訪の楽しさを世に広めたパイオニア書であり、鉄道趣味人以外からの興味も集めた。日本エッセイスト・クラブ賞受賞。
43	鉄道百年略史	てつどうひゃくねんりゃくし	鉄道百年略史編さん委員会	1972	鉄道図書刊行会	日本の鉄道黎明期から100年の歩みを簡潔に記録した年表。ダイヤ改正など主な出来事についてはページを割いて概要を紹介している。国鉄と私鉄が分けて記載され、読みやすい。
44	日本蒸気機関車史	にほんじょうききかんしゃし	金田茂裕	1972	交友社	機関車研究家として名高い著者の大作。「官設鉄道編」と、「私設鉄道編」が別の出版社から発行された。一般の趣味の書籍ではお目にかかれない詳細な研究に驚かされる。
45	機関車の系譜図	きかんしゃのけいふず	臼井茂信	1973	交友社	日本の鉄道で運転された蒸気機関車のほぼ全てのプロフィールを、全4冊で紹介する労作。大きな形式写真、各形式に宛てられた見出しの言葉の美しさも特筆に値する。
46	種村直樹著作シリーズ	たねむらなおきちょさくしりーず	種村直樹	1973		鉄道ライターの草分け的存在として活躍した著者は、単行本も精力的に執筆。ルポ的な色合いの濃い紀行文集は、新聞記者出身らしく、昭和から平成にかけての全国の鉄道の姿を正確に記録している。
47	お召列車百年	おめしれっしゃひゃくねん	星山一男	1973	鉄道図書刊行会	国鉄が皇族、貴賓用として製作した特別車両の変遷をまとめた一冊。庶民には縁の薄い存在ながら、それぞれの時代の最高水準を駆使して製作された車両の姿を知ることができる。
48	新版　鉄道小辞典	しんばんてつどうしょうじてん	加藤　亮	1974	誠文堂新光社	鉄道をテーマにしたミニ百科事典。鉄道の歴史も紹介されているが、どちらかといえば工学に関する記述が多く、車両や運転の基礎知識を学べる。
49	木曽森林鉄道	きそしんりんてつどう	黒岩保美	1975	プレス・アイゼンバーン	月刊『とれいん』の版元から発行された写真集。今は無き木曽森林鉄道をテーマとし、在りし日の姿を紹介。オールモノクロではあるが、今や貴重な資料ともなっている。
50	100年の国鉄車両	ひゃくねんのこくてつしゃりょう	日本国有鉄道工作局,車両設計事務所	1975	交友社	鉄道開業からの100年間に登場した国鉄の主要車両について、機関車、電車などのジャンルに分けて、各形式のプロフィールを紹介した写真図鑑。簡潔な解説が読みやすい。
51	コロタン文庫シリーズ	ころたんぶんこしりーず		1976	小学館	小学館が児童向けとして発行しているシリーズ。漫画のキャラクターなどを用いて子どもの疑問に答えるという構成。鉄道を扱った書籍も多く、基礎的な知識を正確に学べる。
52	電気機関車展望	でんききかんしゃてんぼう	久保敏 日高冬比古	1976	交友社	日本で運転された電気機関車について、これをメーカー別に分類しながら全網羅し、各形式の概要を紹介したガイドブック。同じ版元から発行された「機関車の系譜図」と対をなす。

	タイトル	よみがな	著者	初出	版元	解説
53	南蛮阿房列車　乗物狂世界を駆ける	なんばんあほうれっしゃのりものきょうせかいをかける	阿川弘之	1977	新潮社	乗り物好きで知られる作家による海外の鉄道をテーマにした鉄道紀行文シリーズ。タイトルは内田百閒へのリスペクトによる。軽妙な筆致で世界各国の鉄道旅行気分を楽しめる。初出の連載は1975年。
54	鉄道に生きた人びと　鉄道建設小史	てつどうにいきたひとびとてつどうけんせつしょうし	沢和哉	1977	築地書館	エドモンド・モレル、後藤新平など、わが国の鉄道の黎明期に活躍した人々の活躍の軌跡を紹介する読み物。豊富な資料を駆使して、先人の足跡を丹念に追っている。
55	赤い腕章 国鉄車掌物語	あかいわんしょうこくてつしゃしょうものがたり	檀上莞爾	1977	鉄道図書刊行会	国鉄の車掌として働いた経験を持つ著者の、悲喜こもごもの体験談を綴った読み物。私たちが知っていそうで知らない、鉄道の現場の姿を垣間見ることができる。
56	私鉄車両めぐり特輯	してつしゃりょうめぐりとくしゅう	鉄道ピクトリアル編集部	1977	鉄道図書刊行会	月刊『鉄道ピクトリアル』に不定期連載された「私鉄車両めぐり」を合本化し、3冊を発行。昭和時代の地方私鉄の車両を報告する。私鉄ファンから「バイブル」と呼ばれるほどの書籍。
57	時刻表2万キロ	じこくひょうにまんきろ	宮脇俊三	1978	河出書房新社	鉄道紀行文作家として人気を得た宮脇俊三の出世作。定年間近の会社員が限られた休日に、地方の鉄道に乗りまくる。他人から見れば無意味な作業に注がれた情熱が読みどころだ。日本ノンフィクション賞受賞。
58	西村京太郎氏の作品群	にしむらきょうたろうしのさくひんぐん	西村京太郎	1978		鉄道を舞台にした推理小説群。十津川警部の活躍はテレビドラマでもお馴染み。そのトリックは鉄道趣味人には賛否あるが、世の人々の目を鉄道に向けさせた功績は大きい。
59	近畿日本鉄道参宮急行史	きんきにほんてつどうさんぐうきゅうこうし		1978	プレス・アイゼンバーン	現在の近鉄の前身、参宮急行電鉄が大阪～伊勢間で運転した電車運転による優等列車の変遷を記録した書籍。名車2200系の在りし日の回顧など、貴重な記録が収められている。
60	最長片道切符の旅	さいちょうかたみちきっぷのたび	宮脇俊三	1979	新潮社	北海道広尾駅から鹿児島県枕崎駅まで、もっとも長い距離の片道切符で実際に旅した紀行随筆。一番長い距離を探る所から有効期限を過ぎて終着駅に着くまでが書かれているが、複雑な運賃計算規則の知識も身に付く。
61	私鉄電車のアルバム	してつでんしゃのあるばむ	慶應義塾大学鉄道研究会	1980	交友社	昭和時代に全国の私鉄で活躍した電車の写真を集めたアルバム。形式写真がずらりと並ぶ誌面には、鉄道趣味人であればこそ感じることができる鉄道車両の魅力が溢れている。
62	時刻表昭和史	じこくひょうしょうわし	宮脇俊三	1980	角川書店	宮脇俊三氏の代表作の一つ。時刻表を軸に著者の生い立ちを記した随筆。代議士の父ほか鉄道以外のことにも多く触れられ、実感的な昭和史になっている。昭和20年8月15日米坂線のくだりは、数ある鉄道書の中でも名文中の名文。交通図書賞受賞。

	タイトル	よみがな	著者	初出	版元	解説
63	鉄道ー明治創業回顧談	てつどうーめいじそうぎょうかいこだん	沢和哉	1981	築地書館	日本の鉄道黎明期に活躍した鉄道人の、当時の回顧談を集めた書籍。まだ技術も、情報も未発達だった時代に、鉄道に賭けた人々の真摯な想いを知ることができる。
64	日本の私鉄	にほんのしてつ	和久田康雄	1981	岩波書店	私鉄研究のオーソリティとして知られた著者による岩波新書の一冊。様々な切り口があり、通史の研究が難しい私鉄を、発達の歴史を追いながら、系統立てて解説している。交通図書賞受賞。
65	動止フォトグラフ	どうしふぉとぐらふ	広田尚敬	1982	交友社	鉄道写真家の草分けである広田尚敬氏が1982（昭和57）年に発表した写真集。中判カメラを使用し、車両を真横から流し撮りする手法は斬新で、「動止」という言葉も市民権を得た。
66	やこうれっしゃ	やこうれっしゃ	西村繁男	1983	福音館書店	一切の文字の無い絵本。上野発金沢行の夜行列車（急行「能登」と思われる）の発車から終着駅到着までを、真横から描いた車内の絵で描写する。表紙にはEF58形が描かれている。
67	日本の国鉄	にほんのこくてつ	原田勝正	1984	岩波書店	著者による国鉄の通史。明治の鉄道開業から115年の歴史を持って幕を閉じた国鉄（日本国有鉄道＝現在のJRの前身）の歩みを解説している。
68	特急列車ー走りつづけて80年	とっきゅうれっしゃーはしりつづけてはちじゅうねん	高田隆雄	1985	新潮社	車両メーカーに勤務し、鉄道友の会の会員としても長く活躍した著者による、特急列車をメインテーマとした歴史読み物。とはいっても軽いタッチの語り口で気軽に読める。
69	回想の旅客車	かいそうのりょきゃくしゃ	星晃	1985	交友社	長く国鉄で旅客用車両の設計に携わった著者による回顧談。「こだま形」151系や「月光形」581系など、国鉄黄金期を創った名車の数々について、設計の裏話を知ることができる。
70	国鉄特急変遷史	こくてつとっきゅうへんせんし	鉄道ダイヤ情報編集部	1987	弘済出版社	戦前から国鉄が運転してきた特急の、主に運転の変遷をまとめた資料集。ダイヤ改正ごとに変化を追い、それぞれの列車の運転本数や、運転時分の移り変わりを把握できる。
71	闇を裂く道	やみをさくみち	吉村昭	1987	文藝春秋	昭和９年に開通した東海道本線丹那トンネルの掘削に関わった人々の苦闘を描く歴史小説。吉村の筆致はいたずらな虚飾を避け、静かだが強い。落盤事故救出の経緯も丹念に描かれている。
72	鉄道連絡船100年の航跡	てつどうれんらくせんひゃくねんのこうせき	古川達郎	1988	成山堂書店	琵琶湖連絡に始まる日本の鉄道連絡船の歴史を綴る。単に通史としてだけではなく、船を識別するファンネルマークや、連絡船憲法にも言及。総合的な知識を身に付けられる。
73	草軽電気鉄道	くさかるでんきてつどう	黒岩保美	1989	プレス・アイゼンバーン	『木曽森林鉄道』と同じ版元から発行された、長野県と群馬県を結んだ今はなき軽便鉄道の写真集。これもオールモノクロながら、在りし日の姿が記録されている。
74	ライカ鉄道写真全集	らいかてつどうしゃしんぜんしゅう	西尾克三郎	1992	プレス・アイゼンバーン	報道カメラマンとして活躍した西尾克三郎による鉄道写真集。昭和初期に日本各地で撮影された鉄道写真を全8冊のシリーズで刊行。伝説的な名作の数々を蘇らせた珠玉の写真集。

	タイトル	よみがな	著者	初出	版元	解説
75	鉄道総合年表 1972-93	てつどうそうごうねんぴょう	池田光雅	1993	中央書院	日本が「鉄道百年」を迎えた後の21年間の鉄道の動きを記録した資料集。単なる年表だけではなく、鉄道界で起きたトピックを採り上げて解説し、資料的価値が高められている。
76	私鉄史ハンドブック	してつしはんどぶっく	和久田康雄	1993	電気車研究会	私鉄研究に長けた著者の到達点の一つとでも呼ぶべき貴重な資料集。日本に建設された私鉄について、開業年月日、路線長、在籍車両などの基礎データを一同に収録する。
77	汽車旅がいちばん	きしゃたびがいちばん	辻真先	1993	実業之日本社	ミステリーを数多く発表してきた作家のエッセイ集。タイトルのとおり、鉄道旅行の楽しさがゆったりとした文章で綴られている。90年代初頭の登場直後の特急のルポも興味深い。
78	復刻鉄道名著集成	ふっこくてつどうめいちょしゅうせい	和久田康雄・加藤新一	1993	アテネ書房	「本邦鐵道史上第一頁に記載されるべき事蹟に就て」「熱海線建設要覧」など戦前に発行された名著を復刻した全23冊のシリーズ。鉄道史研究のためにぜひ手元に置いておきたい。
79	キャンブックスシリーズ	きゃんぶっくすしりーず		1995	JTBパブリッシング	様々な趣味をテーマとして刊行を続けているシリーズ。A5版というコンパクトな判型を採用しながらも中身は濃く専門的。鉄道趣味人に興味があるテーマごとに細かく発行されている。
80	日車の車輌史	にっしゃのしゃりょうし	日本車両鉄道同好部, 鉄道史資料保存会	1996	鉄道史資料保存会	車両メーカー自らが発行した自社の鉄道車両の歴史。図面、写真も豊富に使用し、プロの視点で鉄道車両の歴史を学べる。図面を収録した別冊も発行され、こちらも好評を得た。
81	鉄道用語事典	てつどうようごじてん	久保田博	1996	グランプリ出版	素人には難解で、鉄道趣味人にとっても実は分かりづらい鉄道用語を、分かりやすく解説した書籍。類書が多い中で、本書は国鉄に勤務したプロの技術者の、正確な記述が頼もしい。
82	鉄道員（ぽっぽや）	ぽっぽや	浅田次郎	1997	集英社	死者のことだまが生きている者を導くという意匠はF・フォーサイスの短編にもあるが、本作はその日本版、鉄道版といったところ。文学作品として完成度が高く、映画化もされた。1995年の連載が初出。直木賞受賞。
83	JR全線全駅	じぇいあーるぜんせんぜんえきしてつぜんせんぜんえき		1997	弘済出版社	全国の駅の開業年月日、住所、各駅にまつわるエピソード、各路線の概要を一堂に集めた膨大な資料集。国鉄・JRと、私鉄を2冊に分けて発行。読み物としても楽しめる。
84	停車場変遷大事典　国鉄・JR編	ていしゃじょうへんせんだいじてん		1998	日本交通公社出版事業局	国鉄の駅として誕生し、JRに継承された全国の駅の歴史データを集めた書籍。駅ごとの開業日、駅名変更、廃止日などが網羅されている。2分冊でまとめられた大作だ。交通図書賞受賞。
85	追憶の 汽車電車　高田隆雄写真集	ついおくのきしゃでんしゃ	鉄道友の会	1998	交友社	高田隆雄氏撮影による写真集で、氏の没後に鉄道友の会によって編集された。戦前、終戦後の国鉄、あるいは大陸の鉄道の車両が続々と登場し、見る者を圧倒する。

	タイトル	よみがな	著者	初出	版元	解説
86	島秀雄遺稿集 20世紀鉄道史の証言	しまひでおいこうしゅうにじゅっせいきてつどうしのしょうげん	島秀雄	2000	日本鉄道技術協会	国鉄の技師長として幾多の車両設計や、東海道新幹線のシステム構築に多大な功績を残した島が、車両への思いを綴った遺稿集。島の鉄道車両に対する考えを知ることができる。
87	駅弁学講座	えきべんがくこうざ	林順信・小林しのぶ	2000	集英社	駅弁の歴史に始まり、パンフレットや器の研究、おかずの人気番付など、多角的な研究が光る。駅弁の歴史学と考現学を学ぶのに最適。
88	国鉄・ＪＲ列車名大事典	こくてつ・じぇいあーるれっしゃめいだいじてん	寺本光照	2001	中央書院	国鉄・JRで運転された愛称名付き列車について、使用車両、運転形態の変遷を、愛称名ごとに五十音順でそれぞれの時代背景を踏まえながら解説。労作と呼ぶにふさわしい一冊だ。
89	日本の鉄道車両史	にほんのてつどうしゃりょうし	久保田博	2001	グランプリ出版	1号機関車から振り子式気動車まで、日本の鉄道車両の歴史を、技術的なエポックメーカーとなった車両を中心にして綴った書籍。鉄道技術の発達史として読める一冊だ。
90	でんしゃでいこう　でんしゃでかえろう	でんしゃでいこうでんしゃでかえろう	間瀬なおたか	2002	ひさかたチャイルド	地方私鉄を思わせる小型電車での旅を描いた絵本の名作。見開き単位で沿線風景が連続し、やがて電車は終点へ。本を後ろから読んでも帰りの旅としてストーリーが成立する仕掛けだ。
91	食堂車の明治・大正・昭和	しょくどうしゃのめいじ・たいしょう・しょうわ	かわぐちつとむ	2002	グランプリ出版	日本の食堂車の歴史を、主に営業面から振り返る。車両史に偏りがちな趣味的研究の中で個性が光る本。各時代のメニュー構成、料金なども随所で紹介されている。
92	軽便探訪	けいべんたんぼう	新井清彦	2003	機芸出版社	1960年代後半に残存していた軽便鉄道の取材の記録。著者は模型製作のための資料作成を旅の第一義としたが、残された写真の数々には、日本の古き良き日常の光景が写っている。
93	日本鉄道史年表(国鉄・JR)	にほんてつどうしねんぴょう	三宅俊彦	2005	グランプリ出版	日本の鉄道界を常にリードしてきた国鉄・JRをテーマにした鉄道史。この手の資料では軽んじられがちな営業面のトピックも拾い、バランスの良い歴史年表に仕立てられている。
94	くろがねの記憶 黒岩保美作品集	くろがねのきおくくろいわやすみさくひんしゅう	黒岩保美	2006	誠文堂新光社	画家、デザイナーとして活躍し、国鉄グリーン車のシンボルマークなどを手掛けた黒岩氏の鉄道写真集。列車が走りゆく情景が、モノクロームで華麗に描写されている。
95	カレチ	かれち	池田邦彦	2009	講談社	本作は国鉄・JRで働くベテラン車掌を主人公に、現代の鉄道の姿を描く漫画作品。鉄道に造詣の深い著者が描く絵は、極めて正確だ。週刊『モーニング』にて連載していた。
96	小説を、映画を、鉄道が走る	しょうせつを、えいがを、てつどうがはしる	川本三郎	2011	文藝春秋	文学作品や映画に登場する様々な鉄道について、その作品、あるいはその鉄道の魅力が語られたエッセイ集。映画評論家、作家として知られる著者だけに、その筆致は確かだ。交通図書賞受賞。

	タイトル	よみがな	著者	初出	版元	解説
97	むかしの汽車旅	むかしのきしゃたび	出久根達郎編	2012	河出文庫	30人の作家による鉄道をテーマにした短編小説、随筆を集めた書籍。タイトルの通り登場するのは、昭和初期までの鉄道。森鷗外、芥川龍之介が描いた鉄道の世界を味わえる。
98	清張鉄道1万3500キロ	せいちょうてつどういちまんさんぜんごひゃくきろ	赤塚隆二	2017	文藝春秋	松本清張の推理小説は全国を舞台に展開されたが、本書は作品に登場する人物の足跡と、作品に登場する鉄道を全て網羅。行間に昭和時代の鉄道の姿が垣間見える。
99	時刻表	じこくひょう			交通新聞社、JTBほか	鉄道好き、旅行好きなら誰もが親しんでいるのが時刻表。列車の運転時分が記された数字の森には、好きな人間だけが読み取ることができる鉄道旅行の楽しさが息づいている。
100	貨物時刻表	かもつじこくひょう			公益社団法人鉄道貨物協会	貨物列車の運転時刻のみを記載した専門性の強い時刻表。通常の時刻表には運転ダイヤが載ることは無いだけに、撮影派にとっての貴重な資料となっている。年1回の刊行。

おわりに

ある競馬好きの方に、「恐らくは黒字にはならないだろう競馬が、なぜ楽しいのか?」をうかがったことがある。その答えは実に奥の深いもので、推理し、それを的中させる喜びもあれば、一頭の馬の生き様に自分の人生を重ね合わせる喜びもあるというものだった。いただいた答えにはこの他にもいくつもの楽しみ方が挙げられ、なるほど、人それぞれに数多くの楽しみがあるからこそ、競馬の魅力を知った人たちは、何度予想が外れたところで、また競馬場に足が向かうのだろう。

趣味の活動だからといって、それを非生産的な行為とみなすのは早計で、人生という一人に与えられた時間を、様々な活動とともに過ごすことは、大いに意義があるに違いない。絵画や音楽などの芸術が、人が生きてゆく上で大切なものであることは明確で、多様な価値観、審美眼を備えることが人生を豊かにし、人を育てるのである。おそらくは鉄道趣味の世界においても同様だろう。鉄道の魅力を知り、それを人がどのように生かして人生を過ごすのかは、一人の人間が自身の一生を賭けて行う問いかけであり、アートである。

最後になったが、本書の執筆に際しては、交通新聞社第1出版事業部の太田浩道氏に大変にお世話になった。企画の立案から、構成の提案、執筆内容のチェックまで、氏の活躍がなければ本書が世に出ることはなかった。本書をまとめる作業では、氏が制御電動車を務め、私は付随車でしかなかったのである。ここでお礼を申し上げる。また、下嶋氏、岡崎氏、岡本氏の寄稿を始め、ご自身の鉄道趣味の嗜み方について快く教えてくださり、本書のためにお時間を割いていただいた多くの鉄道趣味人の皆様にも、この場をお借りしてお礼を申し上げたい。

世の中に星の数ほどの趣味がある中で、鉄道を好きになった自分の人生が幸せだったのかどうか。この問題はいつも私の頭から離れることが無いのだが、歳を取るにしたがって、その答えが肯定的なものとなっているように感じられる。そんな昨今である。

2022年1月　池口英司

池口英司（いけぐち えいじ）

1956（昭和31）年東京生まれ。鉄道ライター、カメラマン。日本大学藝術学部写真学科卒業後、出版社勤務を経て独立。主な著書に交通新聞社新書『大人の鉄道趣味入門』、『最後の一両』（イカロス出版）などがあるほか、鉄道雑誌などに多数寄稿。

交通新聞社新書159

鉄道趣味人の世界

ゆりかごから墓場まで

（定価はカバーに表示してあります）

2022年2月15日　第1刷発行

著　者——池口英司

発行人——横山裕司

発行所——株式会社　交通新聞社

https://www.kotsu.co.jp/

〒101-0062　東京都千代田区神田駿河台2-3-11

電話　東京（03）6831-6550（編集部）

東京（03）6831-6622（販売部）

印刷・製本—大日本印刷株式会社

ISBN978-4-330-01022-9